«Par ordonnance du 2 juillet 2013, le juge des référés du Tribunal de Grande Instance de Paris a jugé que *L'homme aux deux visages, Jean Moulin, René Bousquet : itinéraires croisés* d'Alain Minc a contrefait 47 passages de la biographie de Pascale Froment intitulée *René Bousquet.* Il a ordonné l'insertion de cet encart dans chaque exemplaire du livre.»

L'HOMME
AUX DEUX VISAGES

Itinéraires croisés :
Jean Moulin / René Bousquet

DU MÊME AUTEUR

chez Grasset :

LA MACHINE ÉGALITAIRE, 1987.
LA GRANDE ILLUSION, 1989.
L'ARGENT FOU, 1990.
LA VENGEANCE DES NATIONS, 1991.
FRANÇAIS, SI VOUS OSIEZ, 1991.
LE MÉDIA-CHOC, 1993.
WWW.CAPITALISME.FR, 2000.
ÉPÎTRES À NOS NOUVEAUX MAÎTRES, 2003.
LES PROPHÈTES DU BONHEUR. *Une histoire personnelle de la pensée économique*, 2004.
CE MONDE QUI VIENT, 2004.
LE CRÉPUSCULE DES PETITS DIEUX, 2006.
UNE SORTE DE DIABLE. *Les vies de John M. Keynes*, 2007.
UNE HISTOIRE DE FRANCE, 2008.
DIX JOURS QUI ÉBRANLERONT LE MONDE, 2009.
UNE HISTOIRE POLITIQUE DES INTELLECTUELS, 2010.
UN PETIT COIN DE PARADIS, 2011.
L'ÂME DES NATIONS, 2012.

chez d'autres éditeurs

L'INFORMATISATION DE LA SOCIÉTÉ, *avec Simon Nora*, Seuil, 1978.
L'APRÈS-CRISE EST COMMENCÉ, Gallimard, 1982.
L'AVENIR EN FACE, Seuil, 1984.
LE SYNDROME FINLANDAIS, Seuil, 1986.
LE NOUVEAU MOYEN ÂGE, Gallimard, 1993.
CONTREPOINTS, *recueil d'articles*, Le Livre de Poche, 1993.
DEUX FRANCE, Plon, 1994.
LA FRANCE DE L'AN 2000, Odile Jacob, 1994.
L'IVRESSE DÉMOCRATIQUE, Gallimard, 1994.
ANTIPORTRAITS, Gallimard, 1995.
LA MONDIALISATION HEUREUSE, Plon, 1997.
LOUIS NAPOLÉON REVISITÉ, Gallimard, 1997.
AU NOM DE LA LOI, Gallimard, 1998.
SPINOZA, *un roman juif*, Gallimard, 1999.
LE FRACAS DU MONDE : JOURNAL DE L'ANNÉE 2001, Seuil, 2002.
JE PERSISTE ET JE SIGNE, CONTREPOINTS II, *recueil d'articles*, Le Livre de Poche, 2002.

ALAIN MINC

L'HOMME
AUX DEUX VISAGES

Itinéraires croisés :
Jean Moulin / René Bousquet

BERNARD GRASSET

PARIS

AVANT-PROPOS

Une alchimie très particulière m'a conduit à écrire ces portraits croisés. Enfant de résistants juifs communistes, j'ai toujours pensé que pour eux le choix n'existait pas pendant la guerre. Ils n'avaient pas d'alternative, compte tenu de cette double identité qui les condamnait à mourir ou à combattre. Mais j'ai toujours été obsédé par l'engagement des autres, ceux qui avaient la liberté de décider. Comment devient-on un héros ? Comment devient-on un salaud ?

Quitte à chercher des couples antithétiques, il en existait bien d'autres que Moulin et Bousquet : Brossolette et Brasillach, Paulhan et Drieu, Delouvrier et Pucheu, d'Estienne d'Orves et du Moulin de Labarthète. Mêmes milieux, mêmes références sociales, intellectuelles ou culturelles et à l'arrivée des destins contradictoires. Mais, pour quelqu'un issu comme moi de la haute fonction publique, ces deux-là – Moulin et Bousquet – présentent un intérêt particulier. A quel moment le service de l'Etat ne prend-il plus le dessus sur la morale ? Quand le devoir d'obéissance s'efface-t-il devant le réflexe éthique ? Proches par leurs origines radicales, franc-maçonnes, républicaines, voisins dans leurs trajectoires, membres ambitieux du corps préfectoral, ces deux hommes auront connu les destins les plus contradictoires : pour l'un, le Panthéon, pour l'autre l'inculpation pour crime contre l'humanité. Fascinante contradiction.

J'appartiens à une génération dans la vie de laquelle Jean Moulin est entré à travers le soliloque grandiose de Malraux sur les marches du Panthéon : comme tant d'autres, adolescents ou non, j'ai eu la chair de poule en regardant sur une télévision en noir et blanc cette cérémonie républicaine aux allures de tragédie grecque. Avec l'éducation qui était la mienne, Manouchian et Guy Môquet étaient bien davantage les figures de la Résistance : rien de plus normal chez un jeune dont les parents appartenaient encore au prétendu « parti des cent mille fusillés »... Dans ma progressive découverte de Moulin, l'éblouissant *Alias Caracalla* de Daniel

Cordier a constitué le maillon le plus récent, et sans doute un des plus forts.

La personne de Bousquet ne s'est imposée à moi, comme à des millions de Français, que dans la foulée de l'entretien de Darquier de Pellepoix dans *L'Express* et du couvercle qui a alors sauté de la marmite des non-dits, des oublis, des hypocrisies collectives. Quant à la saga sur les relations de Mitterrand et de Bousquet, je l'ai suivie de loin jusqu'à une conversation et une brûlure. La première, une discussion aussi véhémente que le permettait le respect dû à un président de la République hiératique, avec un Mitterrand voulant me convaincre que les années sombres ne pouvaient se juger à travers le blanc et le noir, mais à l'aide de toutes les nuances de gris, du gris clair au gris foncé... La seconde, une phrase hallucinante du même Mitterrand, répondant dans ses Mémoires, à Georges-Marc Benhamou qui l'interrogerait sur ses liens avec Bousquet : « Bousquet, c'était l'Alain Minc de l'époque. » Je me suis ce jour-là interrogé sur l'inconscient de l'ancien président de la République, faisant d'un juif l'*alter ego* de l'ancien secrétaire général à la police de Vichy, devenu après la guerre, un personnage au confluent des médias, des affaires et de la politique. Cela a créé, fût-ce à mon corps défendant, un intérêt imprévu pour l'homme.

De l'exercice auquel je me suis livré, nul ne peut tirer de conclusion définitive. Devenir un héros est-il écrit dans le tempérament, le milieu, l'éducation, la pensée ? Et qu'en est-il à l'inverse, pour un salaud ? Quelle est la part des circonstances, du hasard, de l'imprévu ? Les attitudes s'enchaînent-elles volontairement ou non, qui fabriquent à l'arrivée un destin ? Avec le poids de l'Histoire que l'un et l'autre incarnent, Moulin et Bousquet sont des modèles chimiquement purs du héros et du salaud : aussi, s'appliquant à eux, les questions, les doutes, les approximations sont-ils encore plus enrichissants.

CHAPITRE 1

DEUX ENFANTS DE
LA RÉPUBLIQUE RADICALE

Jean Moulin et René Bousquet ont dix ans d'écart, le premier né en 1899, le second en 1909. C'est une différence ténue, à un événement majeur près : l'un aura l'âge de combattre pendant la Grande Guerre, l'autre non. Dans une vision à la Taine, décalquée de la littérature à l'histoire, ils partagent la géographie, le milieu, le moment, tous ingrédients qui sont présumés fabriquer une identité.

La géographie, en effet : Moulin naît à Béziers, Bousquet à Montauban, deux villes moyennes de cette France du Sud dans laquelle s'épanouit la petite bourgeoisie, substrat du radicalisme. Chefs-lieux au cœur de régions à dominante agricole, faiblement urbanisées, au niveau de vie assez médiocre, en perpétuelle quête de subventions, dominées par les services publics. Ce sont les fonctionnaires qui tiennent le haut du pavé. Vus de la préfecture du Tarn et Garonne ou de la sous-préfecture de l'Hérault, les horizons sont bas mais la vie plutôt douillette.

A Montauban, les Bousquet sont des petits-bourgeois, républicains modérés, baignant avec naturel dans le paternalisme et le clientélisme locaux. Le père, Emile, originellement clerc de notaire, finit par acheter une étude en plein centre-ville, rue de la République. Exercer le métier de notaire suppose alors, plus encore qu'aujourd'hui, de s'intégrer dans les réseaux du pouvoir local, de participer aux rites de la vie bourgeoise, de « copiner », discuter, fréquenter. Bien qu'issu d'une famille plutôt cléricale avec une mère bigote, Emile Bousquet se love sans la moindre réticence dans le monde du « radicalisme cassoulet », mâtiné de franc-maçonnerie. Sans doute n'a-t-il pas rejoint une loge, peut-être par fidélité à sa mère, mais c'est secondaire tant l'atmosphère ambiante est imprégnée par le radicalisme maçon, cet humanisme gauchisant tempéré par de solides réflexes d'ordre. Celui-ci a désormais sa bible, *La Dépêche du Midi*, convertie au radicalisme en 1882 et qui constituera un fil rouge dans la vie de René Bousquet, y compris dans ses relations amicales avec François Mitterrand.

Côté Moulin, le contexte est le même mais l'adhésion aux valeurs républicaines plus tranchée. Le père, Antonin Moulin, est professeur d'histoire au collège Henri IV de Béziers. Ardemment laïc, initié dans une loge du Grand Orient, président de la section locale de la Ligue des Droits de l'homme, il s'immisça naturellement dans la vie politique sous la bannière du radicalisme : conseiller municipal à deux reprises, il obtint son bâton de maréchal en étant élu en 1913 conseiller général de la première circonscription de Béziers. Inlassable orateur, il laissait filtrer des conceptions très marquées par le souci de l'ordre public : « On commence à discuter un peu trop de nos jours du respect de la propriété, du respect de la loi, du respect de la patrie. » Plus le Midi devenait « rouge » sous la poussée des socialistes, plus le radicalisme d'Antonin Moulin se colorait de valeurs droitières mais toujours authentiquement républicaines, en un mot « clémencistes ». Confronté en août 1942 au récit, par Daniel Cordier, de son propre itinéraire commencé à l'extrême droite, Jean Moulin lui dira : « En vous écoutant, je me rends compte de la chance que j'ai eue d'avoir une enfance républicaine. »

Aucun traumatisme familial ne pèse sur les premières années des deux garçons. Impossible donc de pratiquer une psychanalyse de bazar qui essaierait de trouver l'origine de l'héroïsme ultérieur de l'un, de la lâcheté de l'autre dans des drames de l'enfance. Deux familles, semble-t-il, unies, des couples de parents raisonnablement harmonieux, des mères aimantes et, suivant les mœurs de l'époque, présentes : une douce banalité. L'inscription de Jean Moulin dans un lycée public allait de soi, compte tenu du côté « hussard noir de la République » de son père, alors que chez les Bousquet, le choix entre public et privé aurait pu se poser. Ce ne fut pas le cas : René Bousquet rejoignit le lycée Ingres. Ni Moulin, ni Bousquet n'appartinrent à ces élèves modèles des grands lycées de province, pour lesquels les proviseurs rêvaient de l'accomplissement ultime : le concours de la rue d'Ulm. Ce sont en effet des lycéens moyens. Moulin manifeste plus d'intérêt pour le dessin que pour les matières traditionnelles et le principal du collège réitérait inlassablement la même appréciation : « Intelligent, fera un excellent élève quand il se décidera à travailler. » Quant à Bousquet, il ne put éviter de redoubler, se contenta de vagues prix en anglais et en espagnol, et n'eut jamais la moindre de ses copies retranscrite dans le cahier d'honneur qui recensait les devoirs les plus brillants.

De la même manière que les biographes de De Gaulle n'ont cessé de se repaître de la composition dans laquelle il se décrit en connétable sauvant la France et d'y voir un signe prémonitoire du destin, les admirateurs de Moulin se réfèrent, telle une préfiguration de son rôle, à un devoir où il devait désigner son héros favori. Il choisit Vercingétorix : « Le héros de l'indépendance gauloise combattit et se sacrifia pour la liberté de sa patrie. C'est notre première gloire nationale, c'est lui que je préfère entre tous… Par ses encouragements, il communiqua son ardeur aux Gaulois qui firent taire toutes leurs querelles et se rallièrent sous leur jeune chef. Ce n'était donc pas simplement une révolte de tribu. C'était bien toute la Gaule qu'il soulevait. » Trêve de naïveté : éduqué comme il l'était, Bousquet aurait pu écrire le même texte et peut-être l'a-t-il fait.

Un événement pèse évidemment en surplomb de ces vies banales : la guerre. Mais sur ce terrain-là, les dix ans d'écart entre les deux garçons changent la perception. Né en 1909, Bousquet est un garçonnet en 1914. Sans doute est-il sensible à l'angoisse de sa mère tenaillée, comme toutes les épouses de conscrits, par la crainte de la visite du maire, messager de la mauvaise nouvelle. Probablement est-il impressionné par la grave blessure à la cuisse que son père ramène du front. Mais pour lui, la guerre c'est avant tout la modification de la vie quotidienne à Montauban : l'afflux de réfugiés, la multiplication des hôpitaux auxiliaires ou la limitation de l'éclairage pendant la nuit. La vie locale n'est néanmoins pas perturbée, comme elle le sera, trente ans plus tard, lorsque, à l'instar de tous les chefs-lieux du Sud, elle verra se déverser les hordes désemparées de l'exode.

Agé de dix-huit ans en 1917, Jean Moulin aurait pu chercher à devancer l'appel, comme le firent beaucoup d'autres, dont son futur patron, Pierre Cot. S'il fut mobilisé en avril 1918, ce fut simplement l'effet du vote du Parlement décidant l'incorporation anticipée de sa classe d'âge. Il ne connut pas le front, car son régiment ne fut pas envoyé en première ligne avant l'armistice. Ses biographes essaieront d'expliquer son attitude en 1939, c'est-à-dire ses efforts pour être versé dans le service actif, comme une volonté d'effacer sa relative indifférence en 1918. Sa correspondance de jeune conscrit ne traduit pas en effet une conscience aigue des événements. Les soucis du « rata », le désespoir de voir un jambon dévoré par les rats, les purges au sel de magnésie : l'Histoire ne souffle guère sur l'esprit du jeune Moulin. Au moins, n'ayant pas connu le feu, ne jouera-t-il jamais les anciens combattants. Il se contentera, dans l'après-guerre, de partager le pacifisme si commun aux gens de sa génération. En revanche, dès sa mobilisation en septembre 1939, il écrira à son ministre : « Célibataire, appartenant à la plus jeune classe d'âge de la 2e réserve, je continue à penser que ma place n'est point à l'arrière. » Mais le Moulin de 1939 a une autre conscience politique que le jeune homme de 1918.

CHAPITRE 2

DES DÉBUTS PARALLÈLES
ET CONTRADICTOIRES

Reçu au baccalauréat en juillet 1917, avant son incorporation, Jean Moulin a les avantages d'un « fils d'archevêque » à l'échelle d'une sous-préfecture. Ainsi les relations de son père lui permettent-elles d'être embauché comme attaché au cabinet du préfet de l'Hérault à Montpellier. C'est plus « un petit job » que le marchepied d'une carrière. Aussi le jeune attaché s'inscrit-il en même temps à la faculté de droit de Montpellier. Mais malgré cette double activité, ce n'est pas un foudre de travail. Il se plaît à se comporter en dandy provincial – beaux costumes, quête d'élégance. Le désir, après l'armistice, de retrouver sa vie douillette le pousse à souhaiter un retour rapide au bercail. A une époque où les réseaux et les relations suffisaient à garantir les décisions administratives, son père arrive à obtenir cette démobilisation tant attendue. Voilà le futur président du Conseil national de la Résistance de retour à Montpellier pour y reprendre sa triple vie : petit fonctionnaire, jeune étudiant et noceur nocturne. Des dessins humoristiques dans les revues estudiantines, quelques aquarelles peintes de-ci de-là : le tempérament artistique de Moulin n'est pas débridé. Quant à son engagement dans la vie de la cité, il n'a rien de commun avec le militantisme de son père : il se contente en effet d'adhérer en 1921 aux « Jeunesses laïques et républicaines », antichambre du parti radical pour les jeunes, mais n'y exerce aucune responsabilité. Aussi piètre étudiant qu'il fut modeste lycéen, il obtient, sans éclat ni mention, sa licence en droit. Celle-ci lui permet néanmoins d'entrer de plain-pied dans l'univers préfectoral. Devenu préfet de la Savoie à Chambéry, l'ancien secrétaire général de la préfecture de l'Hérault l'embauche en effet en mars 1922 comme chef de cabinet : Moulin a désormais un vrai emploi public.

Bachelier, lui, en 1927, René Bousquet s'inscrit à la faculté de droit de Toulouse après avoir joué avec l'idée de faire des études de médecine. La perspective de reprendre un jour la charge notariale de son père suffisait à justifier son choix ; son mariage avec une fille d'avocat montalbanais accentue encore son insertion dans le monde juridique. Après une scolarité universitaire banale, Bousquet obtient en 1930 sa licence avec mention « assez bien ». D'après le dossier constitué au moment de son procès, il passa ensuite en 1932 un diplôme d'études supérieures de droit et en 1935 un second DES d'économie. Il se prévaudra aussi, face à la justice, d'un doctorat d'économie, quitte à ne plus mettre ultérieurement en exergue cet hypothétique diplôme. Sans doute pénétré du culte si français des « parchemins », Bousquet voudra-t-il enjoliver à tout hasard son cursus, comme si un bagage universitaire bien fourni pouvait constituer face aux juges un élément à décharge. Bousquet a laissé à son condisciple Georges Vedel le souvenir d'un étudiant sage : « Sans nous impressionner, il était distingué en ce sens qu'il tranchait sur le public étudiant. Dans sa tenue, il ne faisait pas jeune chien comme d'autres. Il avait une certaine réserve. Il faut dire qu'il était le seul à être marié parmi les garçons. » Dans une faculté de droit, chaudron politique en cette époque troublée, Bousquet refusa tout embrigadement, n'adhérant même pas à l'Association générale des étudiants. Il ne s'attarda guère à la faculté, puisque avant même l'obtention de sa licence, il était nommé chef de cabinet du préfet du Tarn-et-Garonne. Comme pour Moulin, le jeu des services rendus et échangés au sein de la famille radicale permettait à un père de « caser » efficacement un fils, à la condition que ce fût un étudiant décent. Il est vrai qu'Emile Bousquet appartenait à la « clientèle » d'Albert Sarraut et que celui-ci veillait soigneusement, comme ministre de l'Intérieur, à la gestion du corps préfectoral dans son Sud-Ouest.

Voilà ces deux hommes jeunes, l'un et l'autre chefs de cabinet de préfets. N'existait pas, à l'époque, la position de directeur de cabinet. Aussi le chef de cabinet était-il l'homme à tout faire du préfet. La fonction constituait la première marche de l'administration préfectorale : ses titulaires pouvaient ainsi adhérer à l'Association de l'administration préfectorale, sans avoir néanmoins le droit de participer au banquet annuel. Alors que, sans doute moins hautement « pistonné », Moulin devait s'expatrier à Chambéry, Bousquet était, lui, devenu un personnage d'autorité dans sa propre ville natale, avec les avantages et les inconvénients inhérents à la situation d'enfant du pays.

A défaut d'être chez lui à Chambéry, Moulin va néanmoins y trouver ses aises et prendre plaisir, fort de sa position publique, à côtoyer une bourgeoisie locale qui se rend aux bains et aux sports d'hiver, en fonction des saisons. Dessinateur, il s'amuse à croquer une faune nouvelle à ses yeux ; mondain, il se grise de la fréquenter. Sa paie de fonctionnaire se révélant chiche pour le train de vie qu'il veut mener, il n'hésite pas à requérir l'aide de ses parents. Il le fera jusqu'à l'âge de trente-huit ans, avec des exigences dont l'ampleur a sans doute obligé son père à liquider une partie de son petit capital. De même poussera-t-il celui-ci à user de tous ses liens radicaux et francs-maçons afin d'être promu sous-préfet, véritable sésame de la carrière. Ayant repéré, dans cette Savoie où il se plaît à inventer sa vie, que la sous-préfecture d'Albertville était disponible, Jean Moulin se lance dans une campagne effrénée pour y être nommé et n'a de cesse de requérir le soutien paternel. Il ne veut pas rater l'opportunité que lui offre, de ce point de vue, la présence au pouvoir de Camille Chautemps, radical, franc-maçon et ardent pratiquant du clientélisme. Il manœuvre si efficacement, en direct et via son père, qu'il finit par être nommé le 26 octobre 1925 et devient ainsi le plus jeune sous-préfet de France. L'hagiographie du héros voudra faire de cette promotion précoce la reconnaissance d'une personnalité hors norme. Fadaises : Moulin est nommé pour ses relations et non pour son talent. Ce n'est pas, à l'époque, un homme très sympathique. N'hésitant pas à exiger de ses parents soutien politique et aide matérielle, il les tient à distance de sa vie professionnelle et personnelle. Silencieux sur l'exercice de son métier, il est muet sur ses projets sentimentaux. Ainsi leur annonce-t-il ses fiançailles avec une jeune fille qu'ils ne connaissent ni d'Eve ni d'Adam et ne leur demande-t-il ni autorisation, ni même avis. Jean se marie, il est vrai, au-dessus de son milieu social et peut-être se sent-il handicapé par ses propres origines, au point de limiter au maximum les contacts entre les deux familles.

C'est plutôt du côté de Montauban qu'un autre chef de cabinet suscite, lui, l'admiration. Le 2 mars 1930, la ville est victime, comme souvent, d'une crue du Tarn. Bousquet part en reconnaissance, comme l'exigent ses nouvelles responsabilités. Confronté à la montée des eaux, il mobilise les secours mais surtout fait du porte-à-porte, avec de l'eau jusqu'au cou, pour inciter les gens à fuir. Trouvant un vieillard paralytique dans son lit, il l'évacue à bout de bras, ainsi que, un moment plus tard, cinq enfants. Le lendemain la crue s'emballe, atteignant un niveau que la ville n'avait pas connu depuis 1766. Bousquet s'empare d'un canoë indien et s'élance avec le propriétaire du bateau pour porter secours aux habitants cernés par les eaux et en évacuer le maximum. Projetés par les vagues en dehors de leur esquif, Bousquet et son partenaire essaient de nager mais ce dernier n'y parvient pas et se noie. Bousquet réussit, lui, à s'accrocher à un câble métallique et à rejoindre la voie ferrée : une fois sauf, il perd connaissance.

Lorsque la décrue commença, les Montalbanais mesurèrent l'ampleur du drame : trente morts, la rive gauche du Tarn submergée, la ville en partie détruite. C'était une catastrophe nationale et, suivant les rites politiques les plus traditionnels depuis le toucher des écrouelles, Gaston Doumergue, président de la République, se rendit sur place pour prononcer les mots d'usage – « la solidarité de la nation » – et récompenser les sauveteurs. Aussi promit-il à Bousquet la Médaille d'or des belles actions et la Légion d'honneur. Elles lui furent attribuées les mois suivants, la seconde à titre exceptionnel, compte tenu du fait que le bénéficiaire était à peine majeur. Devant ses juges, à la Libération, Bousquet donnera une version encore plus enthousiasmante de ses exploits. Mais son attitude avait été authentiquement héroïque. *La Dépêche du Midi* s'en fit l'écho, le 9 mars, jour de deuil national, avec un portrait à la Une du courageux chef de cabinet par un envoyé spécial de l'agence Keystone, puis dans un supplément illustré vendu au profit des sinistrés – « Inondations du Midi en mars 1930, les paisibles rivières devenues torrents de ruine et de mort ». Sur les cent vingt huit pages de l'opuscule, dix étaient consacrées au rôle de René Bousquet et de son malheureux compère, Adolphe Poult, mais l'essentiel était un récit à la première personne des exploits du chef de cabinet.

Qui aurait imaginé, à ce moment-là, que le dandy de Chambéry deviendrait un héros et que l'admirable sauveteur de Montauban parrainerait la rafle du Vel' d'Hiv ? Des deux personnages, le plus grand n'était pas, à l'époque, le futur préfet de Chartres...

CHAPITRE 3

D'HABILES TECHNOCRATES

Les inondations de Montauban deviennent le sésame administratif de Bousquet. Auréolé de ses exploits, il est appelé à Paris comme chef du secrétariat particulier de Marcel Héraud, sous-secrétaire d'Etat à la présidence du Conseil et à l'Intérieur, avec pour tâche de coordonner les réparations en faveur du Midi sinistré. Voilà le jeune Montalbanais, à peine âgé de vingt et un ans, fort d'une simple licence en droit mais décoré et admiré, lancé dans la « fosse aux lions » des cabinets ministériels. Il saura s'y mouvoir puisqu'il ne la quittera que huit ans plus tard pour un poste territorial. Est-ce d'être propulsé, si jeune, dans ce monde d'intrigues, de petites lâchetés, de servilité, d'excitation profession-nelle, de travail obsessionnel, de fantasmes poli-tiques, d'instinct de survie, de tâches sérieuses et de vaines combines qui donnera à Bousquet une échine souple, au point de ne pas distinguer dix ans plus tard le bien du mal ?

Désireux, comme l'avait été Moulin, d'être nommé sous-préfet territorial, vraie clef d'entrée dans la carrière, il ne cesse d'intriguer. Hommage rendu à son efficacité ou hasard des processus technocratiques, il est d'abord choisi en septembre 1932 comme secrétaire général adjoint, puis, deux mois après, comme secrétaire général du Comité supérieur d'aménagement au sein de la Sûreté nationale. Il parvient néanmoins à être nommé le 11 novembre 1933 pour ordre, secrétaire général de troisième classe des Basses-Alpes, donc membre du corps préfectoral. Il est immédiatement détaché dans sa fonction parisienne. Faut-il voir dans ce traitement hors norme la protection lointaine d'Albert Sarraut, alors président du Conseil, à la clientèle duquel appartient la famille Bousquet ?

L'étrangeté administrative va même plus loin puisque Bousquet fait son service militaire comme officier de réserve, tout en demeurant en poste au ministère de l'Intérieur. A nouveau, faveur, byzantinisme administratif ou heureux concours de circonstances ? Le retour d'Albert Sarraut place Beauvau accentue encore le halo de favoritisme dont Bousquet est affublé aux yeux de ses collègues. Tout en exprimant haut et fort son désir de reprendre un poste territorial, il se laisse néanmoins entraîner dans la ronde sans fin des cabinets ministériels et devient directeur de cabinet d'un autre féal de Sarraut, Cathala, sous-secrétaire d'Etat à la présidence du Conseil, alors occupée par Pierre Laval. L'histoire commence à se nouer.

Le sous-préfet d'Albertville continue, de son côté, sa vie de mondain provincial. Il constate très vite l'échec de son mariage avec Marguerite Cerruty, celle-ci n'étant pas en état d'avoir les enfants dont semble rêver Jean et ne s'adaptant guère à la médiocrité mondaine d'une sous-préfecture. C'est d'ailleurs aux torts de l'épouse – abandon du domicile conjugal – que le divorce est prononcé en juin 1928. Moulin se lance alors à corps perdu dans une vie futile, mêlant une vraie passion pour le ski, le goût des mondanités, le plaisir de dessiner et de peindre. Il remplit certes de façon satisfaisante – puisqu'il est bien noté – les devoirs de sa tâche : banquets, médailles, préparation des élections. Seul fait saillant de ces années de dilettante : une relation de plus en plus approfondie avec un jeune politicien radical, candidat aux élections de 1928 et élu : Pierre Cot. Plus tard ce dernier ne tarira pas d'éloges sur le Moulin de cette époque : « Jean Moulin était un charmant camarade et est devenu très rapidement un de mes meilleurs amis. C'était un homme cultivé et artiste. De plus nous étions jeunes, nous avions en commun le goût de la montagne, du ski, des sports de plein air. C'est pourquoi je me suis rapidement lié d'amitié avec lui. »

Laval d'un côté, Cot de l'autre : les parrainages diffèrent. Mais il ne faut pas les voir à la lumière de la « rétro-histoire » comme si le Laval de 1932 portait en lui le futur homme de la collaboration, et le Cot de 1928 le compagnon de route, après la guerre, du parti communiste. Si Laval se situait évidemment plus à droite sur l'échiquier parlementaire que le radical de gauche Pierre Cot, ce n'était ni un fieffé réactionnaire, ni moins encore une graine de fasciste.

Dandy et dilettante, Moulin demeure un fonctionnaire ambitieux. Aussi ne cesse-t-il de réclamer une promotion et finit-il par l'obtenir : il est promu le 2 février 1930 sous-préfet de Châteaulin, dans le Finistère. Il y développe une vie plus artistique et une activité plus politique qu'à Albertville. Ainsi se lie-t-il d'amitié avec Max

Jacob, originaire de Quimper, venu au printemps 1930 se reposer après un accident de voiture chez ses parents antiquaires, et avec le sculpteur italien Leonardi, lui-même proche de Picasso et de Modigliani. Se frottant à ces esprits si supérieurs à ceux de ses compagnons d'Albertville, Moulin découvre le cubisme, le surréalisme, en un mot l'art contemporain.

Dans l'exercice de ses fonctions, il n'hésite pas à s'affranchir de son devoir de réserve pour aider le camp républicain – c'est-à-dire dans cette Bretagne bigote, la gauche. Il appuie ainsi aux élections de 1932 un de ses amis, Daniélou, au grand dam d'André Tardieu, alors ministre de l'Intérieur, qui le convoque à Paris et lui intime l'ordre d'y demeurer pendant la campagne du deuxième tour, afin de ne pas influencer le scrutin. L'Etat est à cette époque bonne fille : un sous-préfet est aujourd'hui révoqué pour de bien plus futiles motifs.

Un an plus tard, Moulin se trouve en situation d'incompatibilité d'humeur avec le nouveau préfet. Celui-ci cherchant le moindre prétexte pour l'humilier, y compris sur l'usage d'une carte de circulation, le sous-préfet de Châteaulin n'hésite pas à appeler à l'aide ses amis Pierre Cot et Jean Daniélou, devenus membres du gouvernement. Un sous-préfet de parti pris dans une élection, un député devenu ministre renvoyant la monnaie de la pièce : ce sont les mœurs de la République radicale. Ce qui serait aujourd'hui contestable n'est, à l'époque, que banalité. Les deux protecteurs sont efficaces : Jean Moulin est muté en moins de quinze jours à Thonon, poste d'attente, avant qu'il soit enfin nommé dans un poste de sous-préfet de première catégorie, en l'occurrence secrétaire général de la Somme. Très vétilleux et méthodique dans la gestion de sa carrière, il savait que cette étape-là était clef. Aussi, afin d'y parvenir plus vite refusa-t-il de rejoindre le cabinet de Pierre Cot. Ce n'est qu'une fois doté de ce statut de « sous-préfet de première classe », viatique d'autant plus précieux que les restrictions budgétaires en avaient drastiquement réduit le nombre, qu'il acceptera plus tard d'être détaché au cabinet de son ami savoyard.

Moulin se révèle un bon administrateur, farouche défenseur des prérogatives préfectorales dans les bras de fer quotidiens avec les conseillers généraux. Au terme d'une joute plus intense qu'à l'accoutumée, le président du Conseil général de la Somme rendra les armes avec élégance : « Je termine en renouvelant mes compliments au secrétaire général qui vraiment nous a montré qu'il était apte à faire un préfet dans un délai très court. » Moulin n'avait pourtant rien cédé aux élus locaux au point de s'exclamer : « Si vous voulez qu'il y ait de l'ordre dans la maison, il faut tout de même que le chef demeure le chef. » Méthodique et autoritaire : ces traits-là serviront, le moment venu, au délégué du général de Gaulle.

Bousquet se fait vite apprécier de Laval. Se présentant aux élections sénatoriales d'octobre 1935 dans le Puy-de-Dôme et dans la Seine, celui-ci ne peut faire campagne sur les deux fronts. Aussi confie-t-il son fief auvergnat à Cathala et à Bousquet. Ce dernier devient de ce fait un fonctionnaire de plus en plus politique. Il en est vite récompensé : le voici nommé le 29 novembre 1935 sous-préfet de première classe – ce grade que Moulin a mis si longtemps à décrocher. Comme il n'avait pas l'âge requis, il a fallu un décret spécial, se référant à l'exceptionnelle Légion d'honneur obtenue à vingt et un ans par l'impétrant. Mais à peine nommé, le sous-préfet de première classe est placé immédiatement hors cadre, afin de poursuivre ses activités parisiennes. Si proche soit-il de Laval, Bousquet ne veut pas disposer de cette seule carte. Membre du système Sarraut, il entend le demeurer, et afin de concilier ses deux engagements, il joue les entremetteurs entre le président du Conseil et le monde radical-socialiste. Mais l'expérience Laval touche à sa fin. Bousquet revient au ministère de l'Intérieur où la main protectrice de Sarraut se manifeste à nouveau, le propulsant auprès du directeur de la Sûreté nationale.

Ainsi, à la veille de l'avènement du Front populaire, les deux provinciaux sont enfin sous-préfets de première classe – le Montalbanais, plus jeune, ayant à l'évidence une carrière plus météorique que le Biterrois. L'un et l'autre n'hésitent ni à faire preuve d'entregent politique, ni à jouer de tous les parrainages possibles, ni à mêler l'action administrative et la manœuvre politicienne. Leurs racines plongent encore dans le radicalisme mais le parrain de Moulin, Pierre Cot, va le tirer vers la gauche, alors que celui de Bousquet, Laval, le fait plutôt glisser à droite et lui enseigne surtout les ressorts de la politique de maquignon.

CHAPITRE 4

DEUX AMBITIEUX :
DU FRONT POPULAIRE À LA GUERRE

Au moment où l'Histoire se met vraiment en mouvement, ni Bousquet ni Moulin ne sont encore des hommes faits. Rompus aux arcanes de la politique locale, habiles dans les manœuvres de couloir au ministère de l'Intérieur, adeptes des réseaux de soutien et du jeu des services rendus, ils demeurent malléables. De là l'importance, comme pour tout individu à l'orée d'une carrière, des premiers patrons. De ce point de vue, Sarraut et Laval côté Bousquet ne sont pas les jumeaux politiques de Pierre Cot, côté Moulin.

Sarraut est un politicien classique de la République radicale : humaniste comme les francs-maçons sont supposés l'être, manipulateur comme la fausse camaraderie du Midi le permet, indifférent aux questions de fond comme l'exige un sens aigu de la survie. Ce n'est pas un mauvais homme mais il n'est pas fait du bois qui marque un grand attachement aux principes.

Avec Laval, le culte de l'empirisme, de la combine politique, des arrangements est d'une tout autre ampleur. Pacifiste, il refuse de préparer une guerre à laquelle il ne veut pas croire. Aussi joue-t-il les bons garçons avec la plupart des Européens, Mussolini compris. Il accepte en janvier 1935 de laisser au Duce les mains libres en Ethiopie, en échange de vagues promesses économiques. Il se contente de pétitions de principe floues par rapport à une Allemagne qui rétablit le service militaire obligatoire. Il signe un pacte sans signification militaire avec l'Union soviétique, dont la seule conséquence est d'obliger le Parti communiste français à une volte-face et à laisser de côté ses antiennes anti-impérialistes. Lorsque Mussolini passe à l'action en Ethiopie, Laval se comporte sur la scène politique en maquignon, comme il le ferait à la Chambre, afin de concilier les revendications contradictoires de deux groupes charnières. Il cherche à préserver l'alliance italienne et à maintenir ses liens avec l'Angleterre, retarde les sanctions de la SDN afin de faciliter les choses à l'Italie et promet son soutien naval aux Anglais… Lui portant l'estocade, Léon Blum le marquera au fer rouge : « Vous avez procédé dans les grandes affaires du monde comme nous vous voyons procéder ici chaque jour dans les petites affaires et les petits trafics… Vous avez annulé vos actes par des paroles et vos paroles par des actes… Vous avez tout altéré par la combinaison, par l'intrigue et par l'entregent. » Pour un homme comme Bousquet qui, s'il a eu l'occasion de faire preuve de courage physique, n'a pas encore été confronté à des choix existentiels et au respect des principes, il n'existe sans doute pas plus mauvais exemple. Jusqu'où peut-on aller par goût du compromis ? Faut-il toujours transiger ? Quand prend-on le risque de vraies ruptures, fût-ce à ses dépens ? Où se situe la ligne de partage entre l'acceptable et l'inacceptable ? Ce que Pierre Herbart, pour qualifier la frontière à partir de laquelle un homme dit « non », appelait joliment sa « ligne de force ». Laval est à coup sûr un mauvais maître pour enseigner les réponses à ces questions : en période paisible, le culte de l'arrangement et du troc est sans doute condamnable mais les conséquences demeurent bénignes. En temps de guerre, on passe facilement du compromis à la lâcheté, de la lâcheté au déshonneur.

Avec Pierre Cot, c'est à une autre trempe d'homme que Moulin est associé. C'est, pour le caractère, un radical qui se situe dans la lignée de Clemenceau et de Georges Mandel : la raideur, le sens du commandement, le goût de l'ordre, le recul devant les compromis et *a fortiori* les compromissions, le culte d'une morale publique. Sur le plan idéologique, Cot n'a rien en revanche, comme ses deux prédécesseurs, du radical de droite. Authentiquement de gauche, davantage ouvert à l'égard des communistes que ne le sont les socialistes, attaché à un corpus de principes, viscéralement hostile au nazisme et au fascisme, ce n'est pas un patron qu'il est possible de servir si on ne partage pas ses réflexes politiques et idéologiques. Etait-ce le cas pour Moulin avant 1936 ? Ce n'est pas évident. Le sera-ce quand il quittera Cot après la chute du Front populaire ? A coup sûr.

Voilà donc le sous-préfet Jean Moulin chef de cabinet de Pierre Cot, ministre de l'Air du gouvernement du Front populaire. Son portefeuille est, au départ, des plus classiques : contacts avec les parlementaires, relations avec la société civile, agenda et, plus inattendu, le projet d'une « aviation populaire ». Après un premier contact avec le monde syndical à l'occasion des conflits sociaux dans son département de la Somme, Moulin va découvrir cet univers, cette fois à grande échelle.

C'est en effet dans une usine d'aviation que démarre le 11 mai 1936 la première occupation d'usine. Dix jours plus tard, l'ensemble du secteur est à l'arrêt. Pierre Cot négocie immédiatement un accord qu'il baptise « petit Matignon », prenant en compte les revendications matérielles des grévistes mais refusant que « la grève devienne un mouvement politique ». Son coadjuteur est, dans cette affaire, Jean Moulin. Celui-ci apprendra sans doute, lors de cet épisode, à écouter des interlocuteurs qui n'appartenaient pas jusque-là à son monde : utile leçon pour les palabres qui précéderont la constitution du Conseil national de la Résistance.

A partir de juillet, preuve de la confiance que place Cot en Jean Moulin, il en fait un des artisans de l'aide clandestine apportée aux républicains espagnols. Contrairement à la légende, le futur délégué du général de Gaulle ne peut en être le chef de file : c'est un enjeu majeur couvert par le secret d'Etat dont un chef de cabinet, fût-il talentueux, ne saurait être le pilote. Aussi ne faut-il pas voir dans cette affaire clef la démonstration des talents d'organisation que Moulin manifestera pendant sa période héroïque. Mais c'est en revanche une formidable école pour le futur président du CNR. Ecole de la dissimulation : alors que les activités classiques d'un sous-préfet se font à visage découvert, le chef de cabinet de Pierre Cot partage un secret dont la divulgation pourrait engloutir le gouvernement Blum. Ecole du camouflage : Moulin apprend l'usage des filières, des sociétés écrans, des paravents. Ecole de l'antifascisme : nul ne peut participer à une telle opération sans en partager, de façon quasi militante, les buts ; Moulin découvre à cette occasion la violence de l'Allemagne nazie de manière autrement plus forte que par la lecture des journaux. Ecole du caractère : les tempéraments se révèlent dans ces circonstances et le chef de cabinet se trouve au contact, outre Cot, de personnalités bien trempées – Jules Moch, Gaston Cusin – aux antipodes des politiques locaux qu'il avait, pour l'essentiel, fréquentés jusqu'alors. Ecole du mépris aussi : Moulin est confronté, sur une question majeure, à la mollesse des hommes politiques classiques dont il ne facilitera la résurrection, à l'occasion de la création du CNR, qu'à son corps défendant.

Cot pratique la politique en meute : il sait récompenser ceux auxquels il octroie sa confiance. Ainsi Max Dormoy, ministre de l'Intérieur, peut-il écrire le 26 janvier 1937 à son collègue ministre de l'Air : « J'ai le plaisir de vous informer que, par décret rendu sur ma proposition et qui paraîtra au Journal Officiel, Monsieur Moulin, secrétaire général de la Préfecture de la Somme, à qui vous voulez bien vous intéresser, est nommé préfet de l'Aveyron. » Ce décret fait de Moulin le plus jeune préfet de France. Antonin Moulin manifeste sa reconnaissance auprès de Pierre Cot qui lui répond : « Si Jean est le plus jeune préfet de France, c'est à son grand mérite qu'il le doit. » La nomination est évidemment formelle : le préfet de l'Aveyron est juridiquement installé mais revient « dare-dare » au cabinet de son ministre.

Le Front populaire de Bousquet ne ressemble pas à celui de Moulin. C'est l'effet des hasards administratifs et des circonstances. Le sous-préfet de Montauban aurait pu se retrouver, lui aussi, chef de cabinet d'un Daladier ou d'un Delbos, ministres radicaux de Léon Blum dans la mouvance desquels il se serait trouvé à l'aise. Toujours est-il que Bousquet passe l'été 1936 en vacances dans son Tarn-et-Garonne, sans avoir à attendre les congés payés pour s'octroyer cette parenthèse de détente. Mais le sous-préfet aime le travail. Aussi revient-il à l'Intérieur afin de monter le Fichier central de la Sûreté nationale. Confirmé à son poste par Max Dormoy lorsque celui-ci succède au malheureux Salengro, Bousquet est, à l'évidence, considéré comme un républicain bon teint sur lequel compter, dans ce poste très policier, au moment où tous les ressorts du système d'information de la préfecture de police étaient activés contre les comploteurs de la Cagoule.

Pendant ces mois de travail très technique, l'ambitieux Bousquet subit un choc. Attaquée par des membres du corps préfectoral jaloux d'une promotion à leurs yeux trop rapide, sa nomination est annulée pour vice de forme par le Conseil d'Etat. Max Dormoy le renomme, ce qui constitue une preuve d'estime, mais le Conseil réitère l'annulation. Voilà Bousquet rétrogradé au rang de sous-préfet de troisième classe. Il n'insiste pas, car il avait en fait jonglé avec les règles d'avancement. Dormoy envisage néanmoins de le nommer sous-préfet de Vitry-le-François, ce qui sera concrétisé par son successeur, en l'occurrence son vieux parrain, Albert Sarraut. Partagé entre son travail d'archiviste policier et les péripéties de sa carrière administrative, l'esprit de Bousquet n'a sans doute pas été sensible au climat politique du Front populaire. Ce ne fut pas pour ce fonctionnaire efficace et docile une leçon d'antifascisme, comme pour Moulin, mais nul ne peut lui en faire grief.

Sans doute est-ce la stratégie électorale du parti radical qui a conduit à la nomination de Bousquet dans la Marne. Désireux de retrouver de l'élan dans l'est de la France, les spécialistes de la carte électorale de la rue de Valois voyaient dans la nomination d'un sous-préfet dynamique, perçu comme l'un des leurs, un atout. L'arrondissement ressemble, le soleil et l'accent en moins, au Sud-Ouest : plutôt agricole, avec une présence de petite industrie et une solide armature de services publics. Bousquet pratique le métier préfectoral en notable de la politique : sous-produit, à coup sûr, de sa double éducation auprès de Sarraut et Laval. Il acquiert sur place une gentilhommière : ce n'est pas le climat de la Marne qui l'a sans doute convaincu mais la perspective, probablement, d'une circonscription gagnable. Bousquet s'enracine au-delà de son arrondissement, dans le département, au point d'être nommé le 7 juin 1939 secrétaire général de la préfecture de Châlons-sur-Marne, ce qui lui restitue cette « première classe » si longtemps désirée.

Comment les événements ont-ils glissé sur le dynamique sous-préfet ? L'*Anschluss*, Munich, l'annexion de la Tchécoslovaquie ? Nul ne le sait mais radical-valoisien de type classique, il a sans doute adhéré, dans le silence inhérent à sa fonction, aux positions du parti. Au moment de Munich, a-t-il été, au fond de lui-même, pacifiste et heureux de l'accord ? Ou à l'instar de Daladier, qui voyant la foule l'acclamer au Bourget, murmurait entre ses dents « Les cons », était-il conscient de l'impasse dans laquelle le pays s'était mis ? Fidèle lecteur de *La Dépêche du Midi*, même exilé dans la Marne, est-il sensible aux articles, parmi les premiers dans la presse française, à signaler l'existence de camps de concentration en Allemagne et à condamner avec énergie les persécutions antisémites de la « Nuit de Cristal », le 9 novembre 1938 ? Les idées personnelles de René Bousquet face aux vents de l'Histoire demeurent, pendant cette période, un mystère.

Quant à Jean Moulin, une fois le Front populaire liquidé, il rejoint sa préfecture de Rodez en avril 1938, avant d'être muté en février 1939 à Chartres, poste qui, s'il relève de la même catégorie administrative, la troisième classe, est davantage considéré, compte tenu de la proximité avec Paris. C'est à Albert Sarraut qu'il doit cette promotion rapide, rejoignant ainsi Bousquet dans l'écurie des protégés du ministre. Les archives départementales de l'Aveyron et de l'Eure-et-Loir donnent une image très classique des premiers pas de Jean Moulin comme préfet. Transmettre les consignes politiques, recevoir les doléances, gérer les élus locaux, surplomber l'action des services, être le centre des mondanités locales : le cahier des charges est traditionnel et rien ne permet à Moulin, sur deux périodes de quelques mois, de s'en abstraire.

Les témoignages décrivent un préfet courtois et ferme, ouvert et autoritaire, ayant le sens de l'Etat mais n'oubliant pas ses attaches partisanes et n'hésitant pas à user du poids de sa fonction au profit des hommes politiques locaux de son camp. S'étant comporté de la sorte, comme modeste sous-préfet dans le Finistère, il n'avait aucune raison de changer d'attitude une fois préfet et fort de sa légitimité gagnée au cabinet de Pierre Cot. Quels étaient à l'époque les instruments d'influence dans la main d'un préfet ? Orienter les subventions vers les municipalités « amies » et attribuer quelques marchés publics à des entrepreneurs de son bord.

Pour le reste, Moulin se situe dans la tradition la plus classique : aussi n'hésite-t-il pas à faire interdire à Rodez un meeting du colonel de La Rocque ou à proclamer à Chartres, lors d'un banquet en mémoire du général Marceau, le héros de Fleurus, son ancrage dans la culture républicaine. Accueilli avec circonspection comme un « préfet rouge » ou plutôt un « préfet du Front populaire », par les milieux ruraux et conservateurs des deux départements, Moulin fait preuve d'habileté pour les circonvenir. Ainsi, recevant à Rodez le cardinal Verdier, n'hésite-t-il pas, tout fils de franc-maçon qu'il est, à saluer « le bâtisseur d'églises, l'ambassadeur de la France, le bâtisseur de la paix ». Savoir traiter avec des responsables issus d'autres familles d'esprit que la sienne sera plus tard un atout. Dans les replis de son âme, Moulin raisonnait sans doute à l'avenant de Pierre Cot. Ainsi assiste-t-il, probablement avec peine à Marseille, en octobre 1938, au congrès du parti radical qui fait un triomphe à Daladier, « le héros de Munich », et hue Pierre Cot, un des très rares radicaux à avoir voté contre les accords. Solidaire de son chef, Moulin ne peut que condamner, au fond de lui-même, l'abaissement de la France.

Ce sentiment-là ne pourra que peser lourd des années plus tard. Bousquet sans doute munichois, et Moulin antimunichois : les événements commencent à faire diverger non pas les comportements publics mais les arrière-pensées des deux jeunes ambitieux. Le premier pense comme la majorité des Français, le second appartient à une cohorte infiniment plus restreinte mais plus lucide.

CHAPITRE 5

DE LA « DRÔLE DE GUERRE »
À LA GUERRE

Pour un haut fonctionnaire, l'entrée en guerre signifie soit une mobilisation, à l'instar de tous les hommes de sa génération, soit un maintien dans ses fonctions, compte tenu des impératifs du service. Bousquet et Moulin demeurent l'un et l'autre en place, mais au terme d'un processus différent. Côté Bousquet, celui-ci est flou ; côté Moulin, il est limpide.

Lors de son procès, le secrétaire général de la Marne prétendra qu'il avait demandé à être versé dans une unité combattante et qu'en mai 1940 Mandel, devenu ministre de l'Intérieur, le fit venir pour lui dire qu'il aurait aimé le nommer auprès de lui mais qu'il estimait devoir le maintenir sur place. Etrange raccourci autojustificateur : mai 1940 n'est pas septembre 1939 et la position du ministre au printemps 1940 n'efface pas les manœuvres entreprises par Bousquet six mois plus tôt. En fait, toujours prompt à mobiliser ses relations, juridiquement réserviste, celui-ci avait demandé à un notable radical de lui obtenir du ministre de l'Intérieur un report d'incorporation de trois mois. La réponse avait été négative : Bousquet n'avait bénéficié que d'un report d'un mois. Il était néanmoins parvenu à demeurer à Châlons. Il semble en revanche qu'il ait requis en avril 1940 d'être envoyé au front mais cela lui a été refusé. Que s'est-il passé entretemps ? En théorie affecté au service de l'intendance, il ne bouge néanmoins ni de Châlons, ni de son poste. Son attitude n'est ni blanche, ni noire : il ne se bat comme un fou ni pour aller combattre, ni pour demeurer à l'arrière. Quelques manœuvres éventuellement contradictoires, une propension à laisser les événements décider pour lui, un mélange d'opportunisme et d'hésitation : un personnage se dessine en filigrane.

Rien de tel chez Moulin. Mauvaise conscience de son attitude pendant la Grande Guerre ? Effet d'une conviction politique acquise depuis lors ? Conséquence indirecte des frustrations que la guerre d'Espagne a pu lui inspirer ? Produit d'un tempérament ? Toujours est-il que le préfet d'Eure-et-Loir se démène, dès la mobilisation, pour être versé dans le service actif. « Célibataire, appartenant à la plus jeune classe de la 2ᵉ réserve, je continue à penser que ma place n'est point à l'arrière. » Il finit, à force de pressions, par obtenir en théorie satisfaction et rejoint le 14 décembre 1939 la base aérienne 117 à Issy-les-Moulineaux. Ce n'est certes pas une affectation sur la frontière allemande… Et encore ne s'agit-il en fait que d'une incorporation pour ordre car Albert Sarraut, à nouveau ministre de l'Intérieur, le fait revenir immédiatement « à titre spécial » dans sa préfecture. Moulin aurait-il pu résister à cette injonction ? Est-il allé au maximum de ses capacités d'influence pour aller sur le front ? Nul ne peut répondre mais son attitude est, à l'évidence, plus claire que celle de son collègue de la Marne. En témoigne ce cri du cœur : « Je commence à croire que je suis de plus en plus un empêcheur de danser en rond et que les petits copains de l'administration confortablement enfouis dans les pantoufles dans les ministères et en province sont furieux après moi qui ai eu la prétention de faire mon devoir… Pour couvrir tout cela, on va me donner l'ordre de rester à mon poste. C'est écœurant[1]. »

---

1. Lettre à Antoinette Sachs, citée par Daniel Cordier, *Jean Moulin. La République des catacombes*, Gallimard, 1999, p. 67.

Quelles sont les missions des membres de la préfectorale dans un pays en guerre ? Gérer l'arrière, organiser le ravitaillement, enrayer les hausses de prix nées de la perspective d'un éventuel rationnement, optimiser l'allocation des récoltes, préparer l'accueil des populations qui seront évacuées du Nord et de l'Est. Mais aussi maintenir l'ordre public et appliquer à ce titre un dispositif à forte sensibilité politique : neutraliser l'appareil du parti communiste. Après l'invasion de la Pologne, le 17 septembre, par l'Armée rouge, le gouvernement dissout le parti et ses organisations affiliées. Désireux de frapper fort, il investit le 18 novembre les préfets d'un pouvoir jusqu'alors réservé à la justice : prendre des mesures d'internement à l'encontre des « individus dangereux pour la défense nationale et pour la sécurité publique ». Dans une circulaire secrète, Sarraut n'y va pas de main morte dans la définition de ces « individus » : « une lie de gens sans aveu, une tourbe » dont il s'agit de prévenir les agissements et non plus seulement de les sanctionner. C'est donner un blanc-seing aux préfets. Quant aux fonctionnaires sous leur autorité, ils sont susceptibles, en cas de liens avec le parti communiste, de suspension ou de révocation immédiate, sans autre forme de procès.

Technocrate diligent, Bousquet applique les consignes. C'est aussi le cas de Moulin : avec l'aide de « commissaires spéciaux » de police, il exécute avec une extrême fermeté les directives et combat l'appareil clandestin du PCF. Pour lui qui avait manifesté lors du Front populaire une sympathie diffuse pour les communistes et qui s'en était senti proche pendant la guerre civile en Espagne, c'est une action plus engageante que pour le secrétaire général de la Marne. Son zèle démontre qu'à ses yeux, nul ne peut s'affranchir de ses devoirs patriotiques. Il partage à l'évidence le point de vue de son ancien patron. Pierre Cot déclare en effet : « Tous les socialistes, tous les radicaux et de nombreux démocrates avaient tendu la main aux communistes quand ils croyaient que ceux-ci voulaient travailler librement et loyalement dans les cadres de l'unité française. Si nous avons retiré notre main, ce n'est pas à cause de l'anticapitalisme du PC, c'est à cause de son attitude antifrançaise et pro-hitlérienne. »

La position géographique de Chartres vaut au moins à Moulin quelques plaisirs protocolaires. Ainsi assiste-t-il à un déjeuner donné par l'amiral Darlan en l'honneur de Winston Churchill, alors

Premier Lord de l'Amirauté. Il écrit à ce propos à sa sœur Laure : « L'ennemi n° 1 de Hitler, qui parle couramment le français, est fort sympathique. Atmosphère très cordiale, très Entente cordiale. » C'est la preuve que Moulin est bien informé du contexte politique international : nombre de ses collègues n'auraient sans doute pas baptisé Churchill « ennemi n° 1 de Hitler » à cette date-là.

Le 10 mai 1940, les deux membres du corps préfectoral vaquent à leurs occupations quotidiennes. Mais tout bascule… Pour eux, la guerre va désormais rimer avant tout avec l'exode. Confrontés à une gigantesque transhumance, ils doivent gérer au mieux l'afflux des réfugiés, le passage de centaines de milliers de marcheurs désorganisés, les secours à apporter à cette population en déshérence. C'est, pour un préfet, un combat de tous les instants : essayer d'assurer un minimum de ravitaillement, maintenir un semblant d'ordre, préserver quelques services publics, assurer le moins médiocre hébergement aux réfugiés, éviter les frictions entre les cohortes de malheureux et la population locale. Moulin s'y attelle inlassablement, avant que les bombardements ne lui compliquent la tâche, à partir du 3 juin. Il sort, pour tenir sa ville et son département, de la neutralité propre au serviteur de l'Etat. Ainsi fait-il placarder sur les murs le 11 juin un appel : « Vos fils résistent victorieusement à la ruée allemande. Soyez dignes d'eux en restant calmes. Aucun ordre d'évacuation n'a été donné parce que rien ne le justifie. N'écoutez pas les paniquards qui seront d'ailleurs châtiés. Déjà des sanctions ont été prises. D'autres suivront. Il faut que chacun soit à son poste. Il faut que la vie économique continue. Les élus et les fonctionnaires se doivent de donner l'exemple. Aucune défaillance ne saurait être tolérée. » Mais au-delà des propos publics, l'essentiel de sa mission se résume à assumer des tâches ancillaires. Organiser la surveillance sanitaire, faire fonctionner les services publics le moins mal possible, contrôler l'abattage d'animaux, éteindre les incendies, enterrer les morts, garantir la stabilité des entreprises locales. Bousquet fait le même métier. Lui aussi pourchasse les « tire-au-flanc », tente de maintenir l'Etat en ordre de marche, essaie de maîtriser les transferts de population. Et de ce point de vue, le « héros » et le « salaud » sont de bons membres du corps préfectoral : ni plus efficaces, ni plus méritants que leurs collègues.

Avec l'attaque allemande le 10 mai 1940, la situation est différente pour les deux hommes :

Châlons-sur-Marne est évidemment sur le chemin de l'invasion. Placé dès lors sous l'autorité militaire, Bousquet continue sa tâche d'une manière qui lui vaudra, dira-t-il, la croix de guerre avec une citation à l'ordre du corps d'armée. Décoration dont il s'est, en effet, targué lors de son procès, sans qu'il en existe la moindre trace dans les archives du ministère de la Défense. A-t-il enjolivé les choses ? Le désordre ambiant a-t-il entraîné une omission administrative ? Ce sont évidemment le sauvetage de ses administrés, la gestion des réfugiés, la prise en charge des victimes civiles qui le mobilisent. Physiquement courageux comme il l'avait montré à Montauban, dix ans plus tôt, il n'hésite pas à donner de sa personne et à porter lui-même secours aux blessés. Comme les autres membres de sa préfecture, Bousquet doit fuir à l'approche des Allemands. Dans l'incroyable débandade de l'Etat, aucun département de repli n'avait été choisi pour la Marne. Aussi se retrouve-il par hasard à Nevers avant de poursuivre sa route vers le Sud-Ouest. C'est à Albi que le préfet de la Marne et son secrétaire général trouvent refuge chez leurs collègues du Tarn.

Pendant que Bousquet est, fût-il haut fonctionnaire, un Français de l'exode parmi des millions d'autres, le préfet d'Eure-et-Loir va, lui, devenir Jean Moulin ! Jusqu'à l'arrivée des Allemands, celui-ci fait de son mieux, à l'instar de Bousquet et de tous les membres du corps préfectoral qui, fonctionnaires d'autorité par essence, essaient de canaliser le désordre. Tâche d'autant plus difficile que leur propre entourage peut faire défaut. Ainsi Moulin écrira-t-il dans *Premier combat* : « Je sens bien qu'à quelques exceptions près, dont mon chef de cabinet et mon huissier personnel, je ne peux compter sur eux » – i.e. ses collaborateurs. De même est-il choqué par la fuite des notables locaux, par le départ de l'évêque parti soi-disant procéder à une ordination urgente dans le Sud, alors que son vicaire général demeure sur place, et par l'invraisemblable ballet d'ordres et de contrordres qu'il reçoit d'un pouvoir évanescent.

A partir du 14 juin, il est livré à lui-même, à cause des coupures électriques et radiophoniques. C'est par des réfugiés qu'il apprend l'entrée des Allemands dans Paris et l'appel à l'armistice de Pétain. Moulin s'attend donc à l'arrivée des troupes allemandes. Il fait ranger la préfecture, afin qu'elle soit, comme il l'écrira, « impeccable ». Suivant le journal de route de la division de la Wehrmacht qui pénètre dans Chartres, « le préfet, seul et en grand uniforme, se tient dans la cour de la préfecture, en arrière du portail grand ouvert. Le général lui fait signe de venir, mais le préfet répond qu'il exige d'être fait prisonnier dans sa résidence officielle ». Le général part ; il revient peu après à Chartres. Assisté des seules autorités encore sur place, le vicaire général et un unique conseiller municipal, car tous les autres avaient pris le chemin de l'exode, Moulin déclare à l'état-major allemand : « La fortune des armes vous amène en vainqueur dans notre ville. Nous nous inclinons devant la loi de la guerre et je puis vous affirmer que l'ordre ne sera pas troublé si, de votre côté, vous nous donnez l'assurance que vos troupes respecteront la population civile et spécialement les femmes et les enfants. »

Quant à lui, il est évidemment fait prisonnier. Convoqué à la Kommandantur, il est pressé par deux officiers de la Wehrmacht de signer un texte relatant que des femmes et des enfants auraient été, les unes violées, les autres tués, par des « soldats nègres ». Il s'agissait, en fait, de victimes des bombardements allemands. Refusant d'exécuter cet ordre, Moulin est passé à tabac, bousculé, jeté dans un local où se trouvait un soldat sénégalais avec, rapportera-t-il plus tard, cette apostrophe : « Comme nous connaissons maintenant votre amour pour les nègres, nous avons pensé à vous faire plaisir en vous permettant de coucher avec l'un d'eux. » Convaincu que les pressions vont redoubler afin de lui faire endosser un document infamant pour l'armée française, Moulin tente de se suicider en s'entaillant la gorge avec des débris de verre. Retrouvé baignant dans son sang, il est soigné par un major allemand puis par les Sœurs de la Charité auxquelles les occupants disent : « Vous ne saviez pas, mes sœurs, que votre préfet avait des mœurs spéciales, il a voulu passer la nuit avec un nègre et voilà ce qui est advenu. » Date de l'incident ? Le 18 juin…

CHAPITRE 6

PRÉFETS DE VICHY

Si courageux soit-il, le 18 juin 1940, Jean Moulin n'est ni Geoffroy de Courcel, parti le 17 à Londres avec de Gaulle, ni un des pêcheurs de l'île de Sein prenant la mer pour rejoindre l'Angleterre, ni son futur secrétaire Daniel Cordier, poussé par son nationalisme, dès le 17, à poursuivre le combat. Il n'appartient pas à la phalange des premiers gaullistes, cette confrérie d'autant plus solidaire qu'elle est incroyablement minoritaire.

En effet, bien qu'ayant subi dans sa chair la violence de l'occupant, Moulin demeure à son poste de préfet : à Chartres, donc en pleine zone occupée, à portée d'un Paris écrasé par la mainmise des troupes allemandes. Au titre de la convention d'armistice, « les services administratifs français doivent se conformer aux réglementations des autorités militaires allemandes et collaborer avec elles d'une manière correcte ». C'est donc le cahier des charges auquel est soumis le préfet d'Eure-et-Loir. Il est sous la tutelle d'un Feldkommandant en charge du département sur le plan de l'occupation et au contact de troupes opérationnelles, en particulier de la Luftwaffe, l'arme la plus nazifiée de la Wehrmacht, dont la conduite est sur place tellement abusive que le Feldkommandant s'en plaindra auprès de ses supérieurs. Et pourtant, le futur héros demeure à son poste.

Cette période ambiguë ne durera certes que cinq mois mais ces cent cinquante jours pèsent lourd. Compte tenu du destin à venir de Moulin, nul ne veut s'interroger sur cet étrange moment. Ses biographes expliqueront ce mystère par l'isolement où il se trouvait fin juin, en l'absence de contacts téléphoniques et écrits ; par un sentiment de devoir à l'égard de ses administrés ; par un réflexe de haut fonctionnaire légitimiste ; par une difficulté à anticiper la violence de l'occupation. La vérité est néanmoins incontestable : pendant près d'un semestre, Moulin – le futur grand Moulin –, sera, comme René Bousquet, un préfet de Vichy. Cohabitant avec le Feldkommandant, il travaillera dans une préfecture sur laquelle flotte le drapeau nazi.

Le préfet est certes aux côtés de ses administrés : remise en route des services publics, organisation de la moisson, gestion du rationnement, mais aussi traitement des innombrables plaintes face aux exactions des vainqueurs – abus des réquisitions forcées, pillages, emprisonnements indus, brutalités, viols, c'est-à-dire la longue cohorte des excès et parfois des crimes auxquels se livre plus ou moins intensément une armée d'occupation.

Mais le préfet n'en est pas moins l'exécutant des instructions de l'occupant. A ce titre il a, entre autres, pour mission d'assurer le recensement des Juifs, de faire appliquer la « liste Otto », c'est-à-dire le retrait des librairies des ouvrages désormais interdits. Donc d'être la courroie de transmission d'ordres qui vont à rebours de ses principes et de ses convictions. Que pense-t-il lorsque lui, le fils d'un franc-maçon, doit appliquer un texte publié le 13 août et prohibant « les sociétés secrètes », puis un autre interdisant explicitement le Grand Orient et la Grande Loge de France ? Que ressent-il lorsqu'il lui revient d'exécuter une instruction, le 22 juillet, créant un processus de révision des nationalisations ? Comment réagit-il au fond de lui-même quand il est dans l'obligation de mettre en oeuvre la loi du 3 octobre « portant statut des Juifs » ? Avec quelle énergie exécute-t-il les dispositions de la loi du 4 octobre donnant pouvoir aux préfets d'interner sans restriction « les étrangers de race juive » ? Quel sentiment éprouve-t-il lorsqu'il doit déclarer, par écrit et sur l'honneur, ne pas appartenir à une franc-maçonnerie dont il a été, à travers son père, si proche ?

Il lui faut aussi accepter de soumettre tous ses arrêtés et circulaires au contrôle préalable du Feldkommandant. Même s'il essaie de préserver les prérogatives de l'Etat face aux autorités d'occupation et de refuser de rédiger en allemand toutes les pièces transmises à la Kommandantur, Moulin se veut pendant l'été 40 « coopératif » – pour ne pas employer le mot infamant de « collaborateur ». Ainsi demande-t-il à « ses chers administrés » de s'abstenir de « vains commentaires », conseille-t-il aux maires de se montrer pragmatiques et se veut-il le garant « dans l'intérêt même des populations » de relations de travail efficaces avec l'occupant.

Fonctionnaire loyal, il fait son rapport au ministre de l'Intérieur de Vichy : « Un des rares incidents qui se soit produit depuis l'entrée des troupes allemandes est celui dont j'ai été victime les 17 et 18 juin, incident sur lequel j'ai décidé de faire silence dans un but d'apaisement. » Ce n'est vraiment pas un rebelle qui règne sur la préfecture de Chartres où il cohabite avec la Kommandantur. A-t-il pensé à démissionner ? Ses thuriféraires répondent évidemment par l'affirmative ; d'autres admirateurs prétendent qu'il estimait plus efficace d'attendre sa révocation. Nul ne le sait.

Vichy le dispense de tout état d'âme, puisqu'il fait partie, le 2 novembre, d'un train de révocations, à compter du 17 du même mois. Ce n'est certes pas à la demande des occupants, puisque le premier Feldkommandant auquel il a été confronté lui avait écrit, au moment de son propre départ le 27 septembre : « J'irai bien entendu vous faire personnellement mes adieux et vous exprimer à cette occasion combien notre vie en commun dans votre maison – i.e. la préfecture – m'a été agréable. Je crois que nous nous sommes compris l'un et l'autre. Je vous ai respecté en tant que Français et vous m'avez respecté en tant qu'officier allemand. Chacun de nous a dû servir sa patrie. » Quant à son successeur, il écrira lui aussi à Moulin : « Je vous félicite de l'énergie avec laquelle vous avez su défendre la cause de vos administrés et l'honneur de votre pays. » Ce n'est donc pas à la demande de l'occupant que Moulin est relevé de ses fonctions, puisque le Feldkommandant écrit même à ses chefs à son propos : « Moulin est un agent administratif avisé, doué au-dessus de la moyenne, remarquablement instruit, avec une force de jugement et une forte conscience de ses responsabilités. Le travail avec lui est satisfaisant. »

C'est l'ancrage de Moulin dans le système de la IIIe République qui lui vaut un destin assez banal pour un membre du corps préfectoral : être écarté. Il joue le jeu, suivant les règles auxquelles les préfets se soumettent depuis des décennies : ni protestations, ni états d'âme. Ainsi écrit-il aux maires du département : « Après 23 années passées au service de la République, je pars sans amertume, conscient d'avoir rempli ma tâche sans défaillance. » Moulin aurait peut-être pu échapper à l'ire de son ministre de tutelle car il n'est écarté ni pour insoumission, ni pour divergence idéologique mais au seul motif de ses liens avec le régime précédent. Que se serait-il alors passé ? Aurait-il basculé ? Quand sa conscience aurait-elle considéré que la coupe des compromissions était pleine ? Aurait-il rejeté toute proposition de promotion ? Nul n'a la réponse à ce jeu de questions iconoclastes. Il demeure, pendant cette période, un mystère Moulin : que partage le diligent préfet de Vichy pendant l'été et l'automne 1940 avec celui qui se tranche la gorge le 18 juin 1940 ? Comment un homme qui manifeste à chaud un tel sens de l'honneur se mue-t-il, pendant les mois qui suivent, en un fonctionnaire efficace d'un régime né d'une forfaiture et qui, pendant cette même période, liquide la démocratie, fait litière des valeurs auxquelles lui croit, et se déshonore ? Question insupportable : si Moulin n'avait pas été révoqué, aurait-il continué sa carrière sous Vichy ? Serait-il devenu un de ces hauts fonctionnaires lâches, couards et serviles qui, au nom de la continuité de l'Etat, ont tout accepté ? Pire, serait-il devenu un autre Bousquet ?

Le Bousquet de l'été 40 ne diffère guère, en tout cas, de Moulin. Il quitte Albi où demeure le préfet de la Marne pour rejoindre Châlons où il arrive le 1er juillet. La situation du département est plus problématique que celle de l'Eure-et-Loir, puisqu'une partie relève de la « zone interdite » avec une présence allemande encore plus accentuée et l'interdiction pour les réfugiés de revenir. A l'instar de Moulin à Chartres, le suppléant du préfet de la Marne qu'est Bousquet essaie de rétablir un fonctionnement aussi normal que possible de l'administration, de remettre en marche les circuits économiques, d'assurer le ravitaillement et de ne rien céder des attributions qui, aux termes de la convention d'armistice, relèvent des autorités françaises. Il parvient même à obtenir que l'administration puisse intervenir dans la « zone interdite ».

La note de suivi rédigée par le haut commandement allemand à propos de Bousquet est aussi élogieuse que la lettre du Felkommandant adressée à Moulin : « Bousquet est à proprement parler l'âme de l'administration du département. Contrairement au préfet Jazon, il est très actif. Mais en fait il a aussi, apparemment grâce à ses rapports avec l'autorité dirigeante française, fourni toutes sortes de choses en matière de vivres, de carburants et autres. Bousquet a bien collaboré avec le groupe administratif et a, par exemple, répandu l'idée du travail en commun dans des instructions claires adressées aux maires. » Lui aussi est coopératif avant de devenir, pour sa part, collaborateur.

Son énergie trouve sa récompense : il est nommé préfet le 17 septembre 1940. Le voilà, à trente et un ans, plus jeune préfet de France, comme Moulin l'avait été en son temps, mais plus âgé – trente-huit ans. Son successeur au secrétariat général est Jean Leguay : l'équipe des heures sombres se dessine en filigrane. Le nouveau préfet applique, comme son collègue de Chartres, les premiers textes antisémites de Vichy. En revanche, il semble avoir fait preuve d'une absence délibérée de diligence dans la chasse aux francs-maçons. Son attitude sera plus tard à Vichy la même. Fidélité à une confrérie qui, même s'il n'en a pas été membre, lui a été favorable, Albert Sarraut en tête ? Souvenir de l'atmosphère montalbanaise ? Précaution prise pour l'avenir ? De ce point de vue, Bousquet ne se comporte pas en vichyssois classique. De même s'engage-t-il énergiquement en faveur des prisonniers de guerre : droits de visite, colis... Mais surtout certains de ses proches montent des filières d'évasion, comportement qu'il a, à l'évidence, parrainé de loin. D'un côté, il négocie un maximum de libérations ; de l'autre, il ferme les yeux sur le système d'aide aux évasions.

Bousquet se comporte en fidèle fonctionnaire de l'Etat français, donc aux ordres de Vichy, mais il n'est pas un obsédé de la collaboration avec l'occupant. Enfant de la IIIe République, il ne partage pas non plus l'hostilité de maints vichystes à l'égard des élus du suffrage universel. Ainsi, obligé d'exécuter la décision du régime de

Vichy de supprimer les conseils généraux, essaie-t-il de replacer les anciens conseillers dans la Commission départementale consultative, créée comme substitut de l'Assemblée délibérante. De même, conduit à combler les vides apparus dans les conseils municipaux, se livre-t-il à une subtile arithmétique afin d'assurer une juste représentation de la gauche et de la droite. Le Bousquet de l'été 1940 est un loyal serviteur de l'Etat français, comme il l'avait été de la IIIe République. L'omniprésence, à ce moment-là, de son ancien patron, Pierre Laval, au cœur du nouveau régime suffit à garantir, de sa part, un passage quasi naturel de la République radicale au régime du maréchal. Loin de lui l'idée de se rebeller : il fait siens les principes de Vichy et se garde d'approcher une Résistance encore dans les limbes. Le Bousquet de l'été 40 porte-t-il en germe le futur secrétaire général à la police ? Il serait injuste de le prétendre.

Bousquet et Moulin n'ont pas mis en cause la légitimité du régime du maréchal : pour eux, l'Etat français est la continuation, fût-ce pour une brève période, de la République. Ni l'un ni l'autre ne s'interrogent sur les manquements à la démocratie de la part du système en place. Ils exécutent les ordres policiers sans enthousiasme ni états d'âme. Se rendent-ils compte qu'ils franchissent, en termes moraux, une barrière ? Mesurent-ils l'engrenage dans lequel ils se sont placés ? Sont-ils en prise aux doutes, aux remords, aux inquiétudes ? Si c'est le cas, ils ne l'avouent à personne, même pas à leurs proches. Ils servent, agissent, se dépensent sans compter, convaincus que ne pas céder un pouce de l'espace public aux Allemands est à la fois une preuve de leur courage et l'expression de leur hostilité à l'égard d'une Allemagne désormais impériale, mais incapable de conquérir les cœurs.

La France de l'été 40 est grise : ses élites se comportent comme si le gris était la couleur dominante et refusent, sauf exception, les choix binaires que leur propose la situation. Moulin et Bousquet sont, à ce moment-là, peu désireux de rompre. Ils demeurent respectueux du nouvel ordre établi.

CHAPITRE 7

DESTINS DIVERGENTS

Mis à la retraite d'office le 2 novembre 1940, Moulin ne bascule pas immédiatement dans le camp gaulliste. C'est un an plus tard que, via Lisbonne, il rejoindra Londres. Ce n'est certes pas une vie de haut fonctionnaire retraité qui le retient en France. Son attitude est néanmoins étonnante. Au lieu d'essayer par tous les moyens de rejoindre les rangs gaullistes, il préfère demeurer dans la France de Vichy et se livrer à l'analyse du potentiel de la Résistance afin de se présenter à Londres, fort d'un savoir utile sur les hommes, les réseaux, les forces éventuelles prêts à se lancer dans le combat. Son intention de basculer dans la clandestinité ne fait, dès sa mise à la retraite, aucun doute. En témoigne la fausse carte d'identité qu'avant de quitter Chartres, il se fait attribuer au nom de Joseph Jean Mercier, professeur, domicilié Cinquième Avenue à New York. Etonnante adresse. Témoignage de son intention

69

de rejoindre Pierre Cot aux Etats-Unis ? Volonté de se laisser cette porte ouverte ? Désir d'éviter une fausse identité trop « franchouillarde » ? Dès son arrivée à Londres, un an plus tard, Moulin écrira à Cot : « Tu sais depuis longtemps que j'ai décidé de ne pas aller en Amérique... »

Toujours est-il que Moulin ne s'efface pas entièrement derrière Mercier en versant dans une totale clandestinité. Convoqué comme témoin au procès de Riom dans lequel Cot est accusé, aux côtés de Blum, Daladier, Gamelin, « Moulin Jean, 42 ans, ancien préfet d'Eure-et-Loir, demeurant actuellement à Saint-Andiol » – suivant le procès-verbal d'audition – tient un propos habile : il réduit à presque rien son rôle au service de l'Espagne républicaine, afin de demeurer à l'abri d'éventuelles poursuites, ce qui l'obligerait à passer immédiatement dans la clandestinité, mais il manifeste, dans un contexte plus qu'hostile, une absolue solidarité à l'égard de son ancien patron : « A mon avis, M. Pierre Cot a été l'homme le plus mal jugé de son époque et je lui conserve toute mon estime tant sur le plan moral qu'intellectuel. » Début 1941, ce n'est pas un acte anodin de « porter ainsi la casaque » d'un des responsables de la IIIe République les plus haïs par le régime de Vichy.

Pendant que Moulin commence à devenir Mercier, Bousquet poursuit, imperturbablement, sa carrière. Il aurait pu, lui aussi, être révoqué à cause de ses liens avec la IIIe République, mais vu de Vichy, sa IIIe République n'est pas la même que celle de Moulin ; elle porte l'estampille de Laval et Sarraut et s'est fondue dans Vichy alors que Pierre Cot est l'ennemi. La destitution de Laval, le 13 décembre 1940, aurait pu, de ce point de vue, être une catastrophe pour la carrière d'un Bousquet, beaucoup plus éloigné de la culture militaire de Darlan, le nouveau chef du gouvernement, que de celle de son ancien parrain, dont il avait fait la campagne électorale en Auvergne.

Rien de tel ne se produit. Bien au contraire, la création des préfectures régionales au printemps 1941 donne l'occasion à Bousquet de franchir encore une étape, puisqu'il est nommé le 26 août 1941 préfet de la région Champagne regroupant la Marne, la Haute-Marne et l'Aube. Peu désireux d'abandonner la moindre parcelle de pouvoir, il garde la main sur la Marne où il reste basé mais s'empresse de faire muter son collègue de la Haute-Marne : vindicte personnelle ou expulsion d'un personnage trop soumis aux Allemands ?

Quant à l'action du préfet de la région Champagne lui-même, y a-t-il meilleur juge que la Kommandantur de l'hôtel Majestic dont les fiches, tenues avec un soin jaloux, sont éloquentes : « Fidèle de Laval, patriote convaincu, farouche adversaire du communisme et des mouvements de résistance, ennemi éventuel de l'Angleterre », il exerçait « pleinement ses fonctions de préfet » ; « très bonne attitude » vis-à-vis de la Wehrmacht mais attaché à « défendre les intérêts français » ; « sa position vis-à-vis des rapports France-Allemagne correspond entièrement aux principes de Laval ». Laval et non Pétain : si Bousquet sacrifie aux rites de la Révolution nationale, impose à ses administrés toutes les formes d'hommage au maréchal, se rend avec déférence aux convocations du chef de l'Etat, l'ancien radical qu'il est ne peut adhérer sincèrement aux guignolades du régime de Vichy. A l'instar de Laval, il pratique les gestes de la foi maréchaliste sans la partager. Le ramassis de maurrassiens, d'illuminés, de réactionnaires de tous acabits, d'antisémites forcenés, de fascistes en pleine gestation, de médiocres, de frustrés, de revanchards qui constituent le terreau même de Vichy n'est pas en phase avec l'idiosyncrasie de l'ambitieux féal de Laval et de Sarraut.

Haut fonctionnaire, Bousquet obéit à l'Etat français ; patriote cynique, il essaie à son échelle de jouer, autant que faire se peut, avec l'occupant ; peu féru d'exigence morale, il ne s'interroge pas sur les limites de l'acceptable. Mais il se refuse en revanche à obtempérer aux injonctions des ultras de la collaboration : il interdit l'accès de la préfecture au chef départemental du RNP – le Rassemblement national populaire créé par Déat et Deloncle – qui était venu dénoncer un syndicaliste. De même le représentant local du PPF – le Parti populaire français – se plaint-il auprès de lui de la faible influence de la Révolution nationale dans la Marne. A l'instar de Laval, Bousquet n'est pas féru d'idéologie : il croit défendre au mieux les intérêts français, sans se préoccuper de l'opprobre que suscite cette politique de maquignon face à un partenaire, l'occupant allemand, mille fois plus puissant.

Doté désormais d'une double identité, décidé à ne pas aller aux Etats-Unis, que fait jour après jour l'ancien préfet de Chartres ? Il se rend d'abord à Paris afin d'obtenir l'ausweis nécessaire pour rejoindre la zone libre et y rencontre d'anciens amis de l'époque Cot : Pierre Meunier, méfiant à l'égard de De Gaulle, Gaston Cusin qui fut son partenaire pour monter l'aide aux républicains espagnols, quelques fonctionnaires de rang subalterne. Des conversations, rien de décisif. Une fois autorisé à franchir la ligne de démarcation, Moulin rejoint sa mère et sa sœur à Montpellier, y rédige *Premier combat*, journal de l'arrivée des Allemands à Chartres, et met en ordre ses affaires de famille d'une manière qui réduit au maximum les risques pour les siens en cas de confiscation de ses biens. D'une main, il se met en situation de partir ; de l'autre, il joue les retraités de la haute fonction publique se disputant avec son administration sur le montant de sa pension.

Enfin, il essaie en vain d'obtenir d'un ancien subordonné un visa de sortie. Ce que Jean Moulin ne parvient pas à obtenir, Joseph Mercier, désireux de retourner à New York où il vit, a plus de chances de l'arracher. Cette étape franchie, il lui faut un visa américain – les Américains sont de bonne volonté – puis des visas espagnol et portugais, formalités plus délicates qui prennent du temps. Or Moulin ne veut pas prendre le risque d'un passage clandestin : les aléas d'un passeur dans les Pyrénées, la possibilité de se faire arrêter en Espagne et au Portugal ne le tentent pas. Réflexe de haut fonctionnaire, il préfère la voie légale pour Joseph Mercier, son double de la clandestinité.

Obligé d'attendre les sésames de Madrid et de Lisbonne, le retraité du corps préfectoral essaie de ne pas être oisif et de mener une enquête sur l'état de la Résistance, afin d'en faire part, le moment venu, à Londres. Etrange projet : comment un homme seul peut-il effectuer une telle tâche, face à une Résistance émiettée – les Allemands n'ont à l'époque repéré que le réseau du Musée de l'Homme – tout en faisant preuve d'une prudence extrême ? La seule manière de faire est de vivre la Résistance à la base, ce que fait Moulin en se livrant au « b a ba » du combat clandestin, la distribution de tracts et de journaux et la participation à la vie encore balbutiante d'un réseau. Pour l'homme d'ordre qu'il demeure, la Résistance lui semble à la fois admirable – par les risques que prennent ses membres – et dérisoire – par les moyens et la capacité d'action.

De retour à Paris en avril 1941, il essaie de se faire l'idée la plus précise possible sur les mouvements résistants et l'état de l'opinion éclairée, mais il ne parvient ni à entrer en contact avec les réseaux en formation, ni à se forger un jugement explicite sur l'atmosphère ambiante. Les choses sont plus aisées en zone libre : une moindre pression répressive, des relations personnelles plus fluides, des contacts plus aisés. Fort de ses relations dans les milieux technocratiques et militaires, Moulin joue en fait au journaliste, jaugeant l'état d'esprit, repérant les groupes de pensée, humant l'atmosphère politique. Il n'est néanmoins pas en état d'établir une cartographie détaillée des mouvements de résistance, à trois exceptions près : les réseaux d'Henri Frenay et de François de Menthon, dont il réussit à faire la connaissance, et Libération, dont il découvre l'existence sans savoir néanmoins le nom de son chef, Emmanuel d'Astier de La Vigerie.

Ses visas enfin obtenus, Joseph Mercier quitte la France le 9 septembre et arrive à Lisbonne le 12. Il se présente à l'ambassade d'Angleterre sous son nom véritable et demande à partir pour Londres. Le *nihil obstat* ne venant pas, il se morfond sur place. En fait les Britanniques essaient d'obtenir de Moulin qu'il rejoigne le SOE, leur service d'opérations extérieures, plutôt que la France libre. Moulin ménage les deux voies, profitant de son oisiveté forcée pour rédiger un « Rapport sur l'activité, les projets et les besoins des groupements constitués en France en vue de la libération du territoire national » qu'il adresse au général de Gaulle et aux autorités britanniques. Est-ce la qualité du rapport ? Son acharnement ? Moulin obtient enfin le 19 octobre le droit de monter à bord d'un hydravion en partance pour l'Angleterre.

Bousquet, lui, s'enfonce dans la routine du travail préfectoral en zone d'occupation, c'est-à-dire, pour une part majeure de son temps, dans des tâches policières. Chasse aux affichettes anti-allemandes, filatures et enquêtes en tous genres, perquisitions, arrestations, internements, emprisonnements. Chaque mois, il adresse un rapport détaillé à Vichy sur son combat face aux « menées antinationales ». Zélé, efficace, il agit sans état d'âme. Ce n'est certes pas encore la rafle du Vel' d'Hiv, mais une kyrielle de mesures répressives, à rebours de ce qu'étaient autrefois les convictions républicaines de l'ancien sous-préfet de Montauban.

Bon exécutant de la politique de Vichy, Bousquet ne se montre pas, en revanche, un serviteur passionné des Allemands. Ainsi s'enorgueillera-t-il, lors de son procès, de quelques gestes : dépôt de gerbe tricolore le 14 Juillet, sans la présence de soldats allemands ; récupération des corps d'otages fusillés ; dépôt de couronnes aux couleurs nationales sur la tombe de ces derniers ; sauvetage d'un chef de division de la préfecture tombé dans les mains allemandes ; protection d'un cheminot syndicaliste ; amélioration des conditions de détention à la prison de Châlons...

Mais Bousquet assiste, sans état d'âme, au durcissement de la répression allemande. Ainsi est-il confronté, à partir du 28 septembre 1941, au « code des otages » édicté par l'occupant : pour chaque attentat commis contre l'un des leurs, les Allemands considéreront désormais non seulement leurs propres prisonniers mais aussi ceux aux mains de l'Etat français, comme d'éventuels otages à fusiller. Il a beau prétendre avoir dit au Feldkommandant de Châlons qu'il n'y avait dans la Marne qu'un seul otage, lui-même, il assiste horrifié, hypocrite ou complice passif, au ballet des exécutions, sans penser qu'il serait temps de quitter le navire. Quant au second statut des Juifs, plus discriminatoire encore que celui d'octobre 1940, promulgué le 2 juin 1941, Bousquet l'applique même s'il se targuera, lors de son procès, d'avoir protesté contre l'instauration de ce texte lors des réunions de préfets régionaux. Il semblerait néanmoins que la préfecture de

Châlons ait essayé d'être aussi peu diligente que possible, apposant avec lenteur la mention « Juif » sur les cartes d'identité, prévenant discrètement certains du risque d'arrestation, favorisant les passages en zone libre : encore le témoignage à décharge n'est-il pas d'une véracité garantie. En fait, Bousquet semble s'être bien davantage mobilisé pour protéger les francs-maçons que les Juifs, les communistes ou les gaullistes : fidélité, fidélité…

Les destins ont désormais divergé. Maintenu à Chartres, Moulin aurait-il accepté de jouer le même rôle que Bousquet à Châlons ? Révoqué, Bousquet aurait-il pris, à l'instar de Moulin, le chemin de Londres ? Nul ne peut répondre à ces deux interrogations. Mais il existe entre les deux itinéraires une différence majeure. Moulin a choisi une voie dont il n'est plus question de s'éloigner. De plus en plus compromis, Bousquet pourrait encore claquer la porte : il ne le fera pas. Bien au contraire…

CHAPITRE 8

DEUX RENCONTRES…

25 octobre 1941 pour l'un, 15 avril 1942 pour l'autre : deux rencontres clefs, deux mentors, deux destins qui se nouent.

Côté de Gaulle-Moulin, rien n'est acquis. Moulin n'est pas pour la France libre une « grosse prise » : un préfet de bon niveau, certes, mais ce n'est ni un homme politique prestigieux, ni un technocrate de grande réputation, ni un intellectuel respecté, ni un journaliste connu. Acheminé de plus par les services britanniques, Moulin est, de ce fait, suspect aux yeux du Général comme le sera, plus tard, pour la même raison, François Mitterrand. Le fait d'avoir adressé son rapport aux autorités britanniques en même temps qu'à de Gaulle n'améliore pas son cas. Le parrainage de Pierre Cot n'est pas enfin un sésame à Carlton Gardens : ce dernier avait vu ses offres de service repoussées par le Général, ce qui l'avait conduit à préférer les Etats-Unis comme terre d'exil.

Quant à Moulin, rien ne le prédispose à se livrer spontanément corps et âme à un personnage aussi éloigné de son propre système de valeurs. Un militaire n'a jamais bonne presse auprès d'un fonctionnaire civil. Un général qui se pique de politique ressemble à un succédané du général Boulanger aux yeux d'un tenant classique de la IIIe République. Le procès en sorcellerie maurrassienne fait à de Gaulle ne peut que mettre sur ses gardes un radical de gauche, loyal serviteur du Front populaire. Le fonctionnement de la France libre ne devait enfin rien aux canons du parlementarisme tel que Moulin avait appris à le servir.

Cette rencontre cardinale n'a pas eu de témoin. Seule Laure Moulin s'en est faite le « Joinville » : « Jean Moulin fut reçu par le général de Gaulle à son bureau de Carlton Gardens et invité à déjeuner. Leur entretien dura près de deux heures », éléments factuels qui, tel qu'était le mode de travail du Général, témoignent d'un véritable intérêt pour son interlocuteur. Il est vrai que la petite équipe de la France libre ne comporte pas de préfets, hommes d'ordre et d'autorité par excellence dont elle a, à l'évidence, besoin. La discussion met fin aux hésitations de Moulin, confronté au choix entre la France libre et les services britanniques. Dès le lendemain, il déclare à un ami qu'il va s'engager dans les FFL et le confirme au major Buckmaster, le chef de la section française du SOE. Quant à de Gaulle, il trouve en Moulin un personnage de qualité qui fait sien le principe de la subordination de la Résistance à Londres, posture qui, à cette date-là, ne relève pas de l'évidence et ne correspond pas à l'état d'esprit des grands chefs de réseaux. Sans que Moulin ait sans doute pensé à la position que lui conférerait son rapport au moment où il l'écrivait, celui-ci lui vaut d'acquérir un étrange statut : il apparaît au Général comme un mandataire de la Résistance, ce qu'il n'est pas, et se retrouve, de ce fait, susceptible de jouer les envoyés de Carlton Gardens vis-à-vis des chefs de réseaux.

Les deux hommes se revoient à plusieurs reprises afin de définir le rôle de Moulin. Les choses avancent rapidement, puisque le parachutage en zone libre de l'ancien préfet est prévu quinze jours plus tard, le 7 novembre, avec une double mission, définie dans un ordre écrit du 5 novembre : le développement de la propagande et la mise en place de l'action militaire. Mais plusieurs difficultés décaleront le départ de Moulin jusqu'au 1er janvier, ce qui lui donne l'occasion de contacts plus approfondis avec de Gaulle. C'est pendant cette période que se tisse entre eux une relation de féal à suzerain. Coup de foudre, comme le prétendra Daniel Cordier ? Ce n'est conforme au tempérament ni de l'un ni de l'autre : de Gaulle voit immédiatement l'usage qu'il pourra avoir d'un homme de la trempe de Moulin et celui-ci reconnaît dans le Général le chef et le symbole dont les résistants ont besoin, quitte à garder ses doutes sur les aspirations du Général, plus tard, en temps de paix.

Le 1er janvier, une fois parachuté, Moulin entre dans l'univers des vrais dangers : Mercier n'avait été qu'une fausse identité lui permettant de quitter le territoire national ; désormais il risque la mort.

A Châlons-sur-Marne, le téléphone sonne le 15 avril 1942 : Pierre Laval appelle directement son ancien collaborateur, René Bousquet. En train de constituer son équipe gouvernementale, une fois refermée la parenthèse Darlan, il a besoin d'un secrétaire général à la police. C'est Pierre Cathala, vieux complice de l'homme à la lavallière blanche et parrain administratif, parmi d'autres, de Bousquet, qui suggère au futur chef du gouvernement le nom du préfet de la Marne. D'après René de Chambrun, le gendre de Laval, Cathala aurait dit de Bousquet : « C'est un garçon très bien, très courageux, fait pour un poste dur. » « Poste dur » : étrange litote pour la fonction que va assumer Bousquet.

Le seul témoin de l'appel téléphonique de Laval, Richard Pouzet, déclarera plus tard : « Bousquet ne me cacha pas sa répugnance à partir et il ne céda que sur l'insistance brutale de Laval. Je dis brutale car le nouveau chef du gouvernement le somma de rejoindre Paris immédiatement. » Et Pouzet d'ajouter : « Il partit la mort dans l'âme et les larmes aux yeux, lui si peu communicatif habituellement, me donna l'accolade et me confia : "Surtout ne doutez jamais de moi. Croyez bien que je ne ferai rien qui ne serve la France. Si j'étais invité à accomplir un geste que je puisse considérer comme susceptible de nuire à mon pays, je n'hésiterais pas un seul instant à me démettre de mes fonctions." » Propos réellement tenus ? Version apologétique ?

Bousquet est un trop fin connaisseur de la machine étatique pour ne pas mesurer la nature du poste et le type de responsabilités qu'il induit. Une fois face à Laval, il se soumet. Celui-ci le rassure sur le fait que Doriot ne sera pas ministre de l'Intérieur, donc son supérieur hiérarchique, et lui indique son cahier des charges : « J'ai besoin d'un fonctionnaire musclé pour tenir tête, à Paris, aux Allemands ; et j'ai besoin d'un fonctionnaire républicain pour m'aider, dans la mesure du possible, à remettre de l'ordre à Vichy[1]. » Pour l'ancien radical qu'est le préfet de Champagne, le second objectif est une évidence : il est certainement de ceux qui voudraient un Etat français moins maréchaliste et plus républicain. Quant à la première mission, il ne peut ignorer son ambiguïté. Que veut dire tenir tête à l'occupant, si ce n'est passer des compromis par nature déséquilibrés ?

Pour un praticien du pouvoir, cela relève de l'évidence. Bousquet ne peut pas être dupe. Il dira lors de son procès : « J'ai considéré qu'il était de mon devoir de ne point se dérober à cet appel. Je n'ai jamais pensé que l'art d'un fonctionnaire

____

1. Cf. procès de René Bousquet devant la Haute Cour de justice (21-23 juin 1949).

puisse résider uniquement dans l'aménagement de sa carrière en fonction de ses intérêts présents et à venir. » « Devoir », « carrière » : il n'y a pas de place pour le mot conscience. Or, même si Bousquet ne devine pas encore les actes que les Allemands exigeront de lui, il est trop intelligent pour ignorer qu'il va devenir leur bras séculier. Sans doute imagine-t-il que son habileté lui permettra de leur arracher quelques concessions.

C'est donc les yeux ouverts que, familier de la chose publique, Bousquet prendra ce poste. Il sait mesurer la différence de nature entre les responsabilités d'un préfet de région et celles du secrétaire général à la police.

Les dés sont désormais jetés : le 1er janvier 1942, Moulin a basculé dans la vraie Résistance, celle où l'on joue à chaque seconde sa vie ; le 15 avril de la même année, Bousquet accepte d'être au contact direct de l'occupant ; il devient, *nolens volens*, un collaborateur de haut rang.

CHAPITRE 9

REX D'UN CÔTÉ, RAFLE DE L'AUTRE

« Londres, le 24 décembre 1941. Je désigne M. Jean Moulin, Préfet, comme mon représentant et comme délégué du Comité national, pour la zone non directement occupée de la métropole. M. Moulin a pour mission de réaliser dans cette zone l'unité d'action de tous les éléments qui résistent à l'ennemi et à ses collaborateurs. M. Moulin me rendra compte directement de l'exécution de sa mission. » Ce troisième texte va au-delà des deux premières missions confiées à l'ancien préfet de Chartres. Voilà beaucoup de confiance mise par de Gaulle en un homme qu'il ne connaissait pas deux mois plus tôt. Effet du charisme de Moulin ? Ou mesure, à cette date, de la pénurie de hauts responsables au sein de la France libre ?

Encore faut-il préparer le nouveau délégué : lui enseigner les rudiments du saut en parachute ;

lui apprendre à coder et décoder les télégrammes. Max – puisque tel est désormais le pseudonyme de Jean Moulin, alias Joseph Mercier – avait demandé à être parachuté près de chez lui en Languedoc. Si l'opération est parfaitement réalisée, l'urgence n'est pas – étrangement – l'obsession du nouveau délégué. Après être allé faire du ski à Megève pour donner le change, Moulin s'installe à Lyon, plaque tournante de la zone « libre ». Il est, jusqu'à l'arrivée de Daniel Cordier en juillet, la « délégation » à lui tout seul. Sans agent de liaison, sans dactylo, sans spécialiste du cryptage. Il lui faut établir son autorité sur des réseaux qu'il connaît mal et sur des hommes qui, *a priori*, ne lui reconnaissent aucun pouvoir. Cela ne l'empêche pas de câbler à Passy, le 17 avril : « Tout va bien, le moral est excellent... »

A cette date, Bousquet s'installe à Vichy, constitue un cabinet de fidèles et de fonctionnaires classiques issus de la III\ :sup:`e` République, sans la présence de « maréchalistes » zélés. Il dispose évidemment d'une deuxième administration à Paris, au titre de l'exercice de ses fonctions en zone occupée, et là non plus il ne fait pas de place dans son équipe à de fieffés collaborateurs issus de la Légion ou de la Milice. De même ne se satisfait-il pas de l'existence de polices parallèles

– le service de police anticommuniste, la police aux questions juives, la police anti-maçonnique – truffées d'extrémistes et de nervis : celles-ci contreviennent de surcroît à son goût pour les architectures technocratiques les plus simples et les mieux hiérarchisées. Si, supprimées au sein de son administration, ces entités se reconstituent ailleurs, il n'en a cure.

C'est entouré de fonctionnaires, jusqu'alors parfaitement républicains, qu'il commence à se « salir les mains ». Sent-il le guêpier dans lequel il s'est fourré ? Devine-t-il les compromissions qui l'attendent ? Fait-il sienne la déclaration de Laval en juin 1942 : « Je souhaite la victoire de l'Allemagne parce que, sans elle, le bolchevisme s'installerait partout dans le monde » ? Ou pense-t-il, au contraire, que l'entrée en guerre des Etats-Unis scelle le sort du régime nazi, tout en n'ayant pas le courage de quitter le navire ? Nul ne le sait et peut-être même pas lui-même. Pris par l'excitation du quotidien, mesure-t-il les grands enjeux internationaux et s'enquiert-il des exigences de la morale ? Lors de son procès, Bousquet jouera la partition du haut fonctionnaire ayant fait sienne la pétition du doyen Maurice Hauriou : « Aux époques où la direction politique manque, les administrations centrales y suppléent. Aux temps où elle se manifeste avec excès, elles la modèrent… La formule inspira toute mon action et toute mon activité. » Faux-fuyant de la part d'un secrétaire général qui assiste au Conseil des ministres et au Conseil de cabinet. « Au mois d'avril 1942 – i.e. à son départ de Châlons –, je ne connaissais ni un fonction-naire de l'ambassade d'Allemagne, ni un officier de l'hôtel Majestic, ni un fonctionnaire de la police allemande, ni un agent des services de la propagande », plaidera Bousquet lors de son procès. L'affirmation aurait dû lui être très défa-vorable : rien ne mesure davantage le change-ment de registre des responsabilités de Bousquet. Si un préfet de région n'est confronté qu'à la Wehrmacht, le secrétaire général à la police va, lui, devenir le correspondant naturel de la Gestapo et des SS.

En effet, le gouvernement français reçoit le 28 avril notification d'une décision de Hitler : les pouvoirs de police passent de l'armée d'occupa-tion à un représentant personnel de Himmler, chef de la SS et de toutes les polices allemandes. Et Heydrich, bras droit de Himmler, vient le 5 mai installer ledit représentant, Karl Oberg. Il en profite pour rencontrer les responsables français du maintien de l'ordre, dont au premier chef Bousquet. Passer du Feldkommandant de Châlons-sur-Marne à Heydrich n'est pas anodin, même pour un loyal fonctionnaire de Vichy. Et la matière de la conversation l'est moins encore. A en croire Oberg, Heydrich fait connaître à Bousquet l'ordre du Führer de placer la police française de la zone occupée sous les ordres allemands mais lui ouvre la perspective, en échange d'une coopération complète, de préserver son autonomie organisationnelle. Les termes du compromis sont limpides : la police française sera autonome, et donc le pouvoir du secrétaire général préservé, à condition de faire preuve de servilité, voire d'anticiper les désirs de l'occupant. Bousquet ne se rebelle en rien contre ce marché de dupes : bien au contraire, il l'entérine pour mieux préserver son territoire. Lors de son procès, il prétendra étrangement être à l'origine de l'accord, comme si à ses yeux, même en 1947, avoir préservé l'autonomie de son administration suffisait à faire oublier la nature des tâches qu'elle a accepté d'exécuter sous ses ordres.

Côté Jean Moulin se produit à ce moment-là un événement étrange. L'ancien préfet est convoqué le 23 mai à Vichy par le secrétaire général du ministère de l'Intérieur. Il se rend naturellement à ce rendez-vous et s'entend dire que son renvoi en novembre 1940 avait été injuste et que Pierre Laval veut lui attribuer une préfecture. Faire une telle proposition à l'ancien chef de cabinet de Pierre Cot témoigne de l'énergie déployée par le chef du gouvernement pour essayer de s'appuyer sur les cadres administratifs de la IIIe République, plutôt que sur les thuriféraires du maréchal, pour mener sa politique, fût-elle celle de la collaboration. Le délégué du général de Gaulle refuse poliment, rend compte à Londres de cette « aventure piquante » – selon ses propres termes – et revient à sa tâche : faire reconnaître l'autorité de De Gaulle aux mouvements de résistance de la zone libre, essayer de rapprocher des personnalités aussi contradictoires que Frenay et d'Astier de La Vigerie, apprendre à ces hommes de caractère à ne pas jouer les matamores et à faire prévaloir l'essentiel – le combat contre l'ennemi – sur leurs rivalités de boutiques, les pousser à s'organiser et à hiérarchiser leurs objectifs, les éloigner des jeux stériles de pouvoir auxquels ils se livraient malgré les dangers quotidiens.

Pour un préfet habitué à exercer une autorité incontestée, ce n'est pas une mince affaire que de faire entendre raison à des personnages dont l'héroïsme tient en grande partie à un comportement de têtes brûlées. L'un, Frenay, va à Vichy essayer de faire libérer vingt responsables de son mouvement ; l'autre, d'Astier, se présente à un agent des services britanniques comme le seul chef de la Résistance. Le troisième chef de réseau, Jean-Pierre Lévy, est lui heureusement, plus normal et donc plus unitaire d'esprit. Quelles sont les armes de Moulin ? Son titre de délégué du Général ? Il sonne assez creux. Son autorité naturelle et sa force de conviction ? En partie. Mais surtout l'argent ! C'est un sésame aux yeux de responsables sans ressources pour financer leur action et c'est aussi la démonstration que Max a vraiment Londres derrière lui.

Daniel Cordier a narré dans *Alias Caracala* les innombrables palabres auxquels Moulin doit se livrer pour convaincre les chefs de réseaux de s'en remettre à lui. Etonnante succession de déjeuners, dîners dans des arrière-salles de bistrots, à la fois dérisoires – on parle, on parle, on parle – et admirables – on risque sa vie à chacune de ces agapes. Rex – autre pseudonyme de Moulin – arrache à ses difficiles interlocuteurs d'abord la reconnaissance de l'autorité de De Gaulle : geste essentiel pour aider celui-ci à s'affirmer face aux Anglo-Américains. Ensuite le principe du cloisonnement entre les réseaux afin d'éviter, en cas d'opération policière, un effet domino. Enfin la séparation des activités « paramilitaires » et de l'action politique, essentiellement la propagande.

Convaincu, comme tout haut fonctionnaire, que l'autorité s'exerce avec des moyens, le délégué essaie de fabriquer une délégation. Ainsi crée-t-il une agence de presse clandestine qu'il confie à Georges Bidault et un Comité général des experts, de manière à contenir la reconstitution des partis en lui substituant un « brain-trust » chargé de réfléchir aux problèmes de la Libération. S'y ajoutent deux organes techniques, l'un relatif aux liaisons avec la France libre, le second aux transmissions radio.

Au fond, administrer relève toujours des mêmes techniques : centraliser, fournir des prestations aux opérationnels, contenir les tendances centrifuges. Moulin le fait avec des moyens de fortune au risque de sa vie ; Bousquet avec les instruments d'une pseudo-puissance publique, aux dépens de son honneur.

L'assassinat de Heydrich à Prague fin mai semble avoir annulé le compromis passé avec

Bousquet. Le risque de voir appliquer sans nuance la décision de Hitler sur la soumission de la police française pousse le secrétaire général à reprendre langue avec Oberg. S'ouvre une négociation, suivie de près par Laval. Ayant immédiatement concédé le principe de la collaboration, Bousquet se bat pied à pied pour la préservation des pouvoirs de son administration. Le 8 août, Oberg convie à déjeuner son interlocuteur, les hiérarques de la police française et les préfets de la zone occupée pour fêter l'accord : « A ma grande joie, mon intention a trouvé l'approbation entière de M. le Président Laval et de M. le Secrétaire général Bousquet. Après quelques entretiens, j'avais le sentiment que sous sa conduite énergique, le travail de la police française pourrait être sensiblement augmenté. Ayant obtenu sa pleine force de réalisation, celle-ci doit, sous sa propre responsabilité, contribuer à la lutte contre nos ennemis communs, communistes. terroristes, saboteurs, de concert avec les forces de la SS et de la police sous mes ordres. »

Tout est dit : la collaboration active contre l'autonomie de gestion. Bousquet le proclame dans une lettre du 13 août 1942 adressée aux préfets : « Il importe que par une activité encore accrue et par les résultats qu'ils obtiendront, les service de police fassent la preuve de leur efficacité réelle. » Quant à Oberg, il décrira crûment en 1946 la philosophie de l'accord : « Le gros avantage de l'accord, c'est que jamais je n'ai donné d'ordres à la police française, qui les recevait uniquement de Bousquet ; et naturellement je n'en ai pas donné à celui-ci. Je lui ai simplement expliqué quelquefois de prendre certaines mesures. » Voilà des mots plus clairs que les dénégations de Bousquet s'acharnant, lors de son procès, à se présenter comme un « nationaliste indépendant au sens le plus élevé » ayant préservé le mieux possible les intérêts de l'Etat français. Bousquet n'a pas attendu l'accord du 8 août pour déférer aux ordres allemands et à quelle échelle !

C'est en 1978 Darquier de Pellepoix, ancien commissaire général aux questions juives qui, dans *L'Express*, pointe du doigt Bousquet : « La grande rafle, c'est Bousquet qui l'a organisée. De A à Z. Bousquet était le chef de la police. C'est lui qui a tout fait. » Le 6 juin, une réunion se tient à Paris entre Oberg, son adjoint Knochen, et Bousquet avec pour sujet la livraison des Juifs internés en zone libre, et sans doute une première discussion à propos des Juifs étrangers de la zone Nord. Bousquet semble avoir traîné les pieds avant de se soumettre aux exigences allemandes.

Ainsi le compte rendu d'un adjoint d'Oberg est-il explicite : « Là-dessus, Bousquet a déclaré que du côté français, on n'avait rien contre les arrestations elles-mêmes et que seule leur exécution par la police française était gênante à Paris. C'était là le souhait personnel du Maréchal... C'est pourquoi on s'est arrêté à l'arrangement suivant : puisque, à la suite de l'intervention du Maréchal, il n'est pour l'instant pas question d'arrêter des Juifs de nationalité française, Bousquet se déclare prêt à faire arrêter sur l'ensemble du territoire français, et au cours d'une action unifiée, le nombre de Juifs ressortissants étrangers que nous voudrons. Bousquet insiste sur le fait qu'il s'agit là, de la part du gouvernement français, d'une façon d'agir entièrement inédite et que l'on est conscient des difficultés qui en résulteront. »

Cette remarque signifie-t-elle que le secrétaire général est lucide sur la transgression qu'il est en train d'opérer ou s'agit-il d'une simple préoccupation politique ? A en croire le compte rendu du Conseil des ministres qui entérine la décision le 3 juillet, c'est bien le souci politique qui prévaut puisque le Maréchal estime « juste » la distinction entre Juifs français et étrangers et susceptible d'être « comprise par l'opinion ». Ainsi couvert, Bousquet va de l'avant et le 4, accompagné de

Darquier de Pellepoix, il confirme à Oberg l'accord de Vichy « pour l'évacuation, dans un premier temps, de tous les Juifs apatrides séjournant en zone occupée et non occupée ». Réflexe de haut fonctionnaire prudent, lui si sourcilleux sur l'exercice de ses prérogatives, impose Darquier à la tête d'une commission ad hoc dans laquelle son adjoint Leguay le représente et, au moment de donner l'ordre d'exécution de la rafle du Vel' d'Hiv le 15 juillet, il s'empresse d'indiquer : « Monsieur le Commissaire général aux questions juives ayant donné son accord à l'exécution de cette opération par les services de police français... » Bousquet pense-t-il que l'Histoire lui demandera des comptes et préfère-t-il, dans cette perspective, se défausser ? Peu probable. Est-il, lui l'héroïque sauveteur des noyés de Montauban, choqué par l'intervention qu'il met en place ? Nul ne le sait. A-t-il simplement le sentiment que les choses « se corsent » et qu'il vaut mieux, dans ces cas-là, ne pas sembler seul aux manettes ? Probable. Toujours est-il que l'épisode ne réveille guère son sens moral puisqu'il continue, comme si de rien n'était, ses négociations avec Oberg en vue d'un partage des tâches dont la rafle aurait pu lui donner un avant-goût.

Bousquet et Moulin appartiennent désormais définitivement à des planètes différentes. Pendant que le premier dialogue quotidiennement avec Oberg et organise la rafle du Vel' d'Hiv, le second poursuit inlassablement son « travail de Pénélope » à hauts risques pour mieux structurer la Résistance. Dans cet esprit, il s'acharne à convaincre les trois chefs de mouvement de la zone Sud – Frenay, d'Astier, Lévy – de se retrouver en sa présence à Londres. C'est le meilleur moyen de les obliger à faire collectivement allégeance à de Gaulle. En fait, seuls les deux premiers sont acheminés sur Londres, l'opération de transport organisée pour Moulin et Lévy ayant échoué. Mais l'essentiel est assuré : la présence simultanée des deux fortes têtes de la Résistance de la zone Sud, si souvent en conflit entre elles et dont l'enthousiasme pour le Général demeure limité. Un protocole est signé, conforme aux desiderata de Londres : les mouvements reconnaissent l'autorité de De Gaulle ; le principe est établi de la création d'une Armée secrète ; enfin un Comité de coordination est créé, réunissant les trois chefs de mouvement, avec un président – Moulin – qui dispose d'une voix prépondérante et qui a pour adjoint le chef de l'Armée secrète. Même sans être présent aux discussions de Carlton Gardens, Moulin est parvenu à ses fins. Aussi passe-t-il immédiatement à l'étape suivante : le choix d'un commandant pour cette

Armée secrète à constituer. Ce sera le général Delestraint.

Moulin a, à l'évidence, su appliquer à l'univers déstructuré de la Résistance les principes d'organisation dont tout haut fonctionnaire et a fortiori un préfet est imprégné. Organiser, en l'occurrence, n'est pas seulement cultiver le sens du détail si vital dans la clandestinité. C'est aussi dialoguer, ne jamais renoncer, contourner l'obstacle au service d'objectifs incontestables. Les siens lui sont apparus très vite une fois sur le terrain, bien davantage que dans les ordres de mission signés par de Gaulle, mais fort éloignés des réalités concrètes d'une Résistance encore en gestation.

Le chef est, pour une fois, reconnaissant ! De Gaulle lui envoie en effet une lettre manuscrite : « J'ai vivement regretté votre absence pendant cette mise au point. Je pense cependant que les dispositions qui ont été arrêtées facilitent l'exécution de la mission qui vous a été confiée… Je tiens à vous redire que vous avez toute ma confiance et je vous adresse toutes mes amitiés. » De la part d'un homme aussi économe de ses compliments que le Général, ce sont des mots rares.

Deux hommes peuvent faire preuve des mêmes qualités professionnelles : efficacité, autorité, sens de l'organisation, capacité de négociation ; elles ne suffisent pas à fabriquer un destin. C'est le contexte dans lequel ils les manifestent et qu'ils ont délibérément choisi, qui le détermine. Moulin devine-t-il, à la fin de la mission Rex, qu'il est en train de devenir un héros ? Sans doute pas. Il estime être le rouage d'une cause qui le dépasse. Bousquet sait-il que l'été 1942 fait de lui un authentique salaud ? Encore moins : il pense sans doute que son intelligence et son énergie limitent les dégâts face aux exigences allemandes et qu'il est non seulement un haut fonctionnaire loyal mais surtout un nationaliste intransigeant…

CHAPITRE 10

DANS LA PLÉNITUDE DE
LEURS ATTRIBUTIONS

Une fois les règles établies avec Oberg et la preuve faite, avec la rafle du Vel' d'Hiv, de leur efficacité, Bousquet peut exercer sans restriction son talent technocratique. A aucun moment ne lui vient l'idée de jouer de son crédit pour ralentir la traque des Juifs et essayer de limiter les dégâts. Sans doute rend-il des services individuels, protège-t-il par fidélité, solidarité ou prudence, telle ou telle personne proche de la Résistance. Ce sera plus tard l'antienne de François Mitterrand pour justifier son indulgence à l'égard de l'ancien secrétaire général à la police. Mais sur ses missions répressives, le protégé de Laval ne transige pas. Ainsi les rafles en zone libre prévoyaient-elles onze exceptions. Bousquet les ramène à six : « Les vieillards de plus de soixante ans, ceux intransportables, femmes en état de grossesse apparente, pères ou mères ayant des enfants de moins de cinq ans, ceux conjoints français, ceux dont le nom figure sur liste annexe. » Quant aux enfants de moins de dix-huit ans, ils pouvaient être laissés en zone libre, d'après le texte initial : exception supprimée[1]... Et le ton est de plus en plus comminatoire. Bousquet écrit ainsi le 22 août aux préfets : « Vous n'hésiterez pas à briser toutes les résistances que vous pourrez rencontrer dans les populations et à signaler les fonctionnaires dont les indiscrétions, la passivité ou la mauvaise volonté auraient compliqué votre tâche. D'autre part, dans les jours qui suivront l'opération projetée, je vous demande de faire procéder à des contrôles extrêmement sévères et à des vérifications d'identité par d'importantes forces de police afin de libérer totalement votre région de tous les Juifs étrangers dont le regroupement est prévu par ma lettre du 5 août. »

Qu'il est loin, le temps de l'humanisme radical-socialiste ! S'applique-t-il au moins à quelques cas individuels ? Saisi de la supplique de l'UGIF de laisser partir aux Etats-Unis des enfants juifs munis de visas, Bousquet rechigne et en limite le nombre. Est-ce le fruit d'un

---

1. Circulaire du 21 août 1942.

antisémitisme grandissant chez le secrétaire général, lui dont toute l'éducation allait, sur ce terrain-là, à rebours des réflexes d'un Xavier Vallat ou d'un Darquier de Pellepoix ? A coup sûr non. Bousquet rafle les Juifs sans les détester, les envoie vers une destination inconnue sans s'en enquérir, les condamne à mort sans haine. Du travail bien fait, des procédures huilées, des rouages efficaces : telle est la philosophie de l'homme. Peu importe que le matériel soit humain !

A peine complimenté par de Gaulle, Moulin doit reprendre sa tâche « à la Sisyphe » d'unification de la Résistance. Les mouvements regimbent devant l'autoritarisme de celui qu'avec sa morgue aristocratique, d'Astier de La Vigerie qualifie de « petit fonctionnaire appointé ». Les péripéties du débarquement anglo-américain, l'irruption de Giraud, l'hostilité américaine à de Gaulle, l'occupation de la zone libre : autant d'événements qui peuvent pousser les mouvements de résistance à s'autonomiser. S'ajoute la résurrection des partis politiques, communiste et socialiste au premier chef, désireux de s'affirmer afin de prendre date pour l'avenir. Intervient enfin l'apparition d'un rival, Pierre Brossolette, qui est en tous points l'opposé de Moulin. C'est le duel de l'éblouissant journaliste et du haut fonctionnaire réservé, de l'intellectuel et du technocrate, de l'improvisateur de talent et de l'organisateur-né, de l'orateur et de l'homme de l'écrit, du rebelle obéissant et du préfet loyal, du partisan d'une révolution après guerre et du réformateur républicain, et surtout du résistant de la zone occupée et du coordinateur de la Résistance en zone libre.

Le temps d'un retour à Londres s'impose. Mais les difficultés logistiques le retardent de trois mois : ce n'est que le 14 février que Moulin et Delestraint s'envolent dans les conditions acrobatiques que tant de films ont illustrées. Au-delà du choc des personnalités, les divergences entre Moulin et Brossolette portent sur deux enjeux majeurs : les liens entre les mouvements des deux zones et surtout la place des partis politiques et des syndicats dans les instances décisionnaires de la Résistance. Si, derrière le premier désaccord, apparaissent en filigrane des ambitions personnelles, le second est plus idéologique et dessine une vision de la France de l'après-guerre. Moulin veut réunir derrière de Gaulle toutes les expressions institutionnelles du pays, y compris les partis et syndicats à côté des nouveaux acteurs que sont les mouvements de résistance. C'est un moyen de renforcer la main de De Gaulle face aux Américains et dans son duel avec Giraud : le soutien du monde politique traditionnel permet de faire litière des accusations de césarisme dont ses critiques affublent le Général. Brossolette veut au contraire bâtir un univers *sui generis* à partir des forces de la Résistance et faire disparaître les vieux partis qu'il voue aux gémonies à cause de leur responsabilité dans la défaite et le déclin de la France. Lui, le militant de la SFIO, promeut paradoxalement une organisation, style parti politique, au service du seul général de Gaulle.

Ses réflexes profonds poussent sans doute le chef de la France libre vers la version Brossolette mais son sens politique le conduit à pencher vers la solution Moulin, plus susceptible de manifester sa fidélité, si souvent contestée, à la République. C'est un étrange ballet qui se joue entre le préfet et le journaliste. Le premier est encore en France, quand le second est à Londres avant que ce soit, en février 1942, l'inverse. L'un et l'autre ont certes des avocats de leurs visions à Carlton Gardens et en France. L'affrontement est étrange : quand l'un plaide de vive voix, l'autre s'exprime, de France, par des télégrammes cryptés. La bataille est secrète mais elle provoque des alliances de revers : ainsi voit-on des chefs de la Résistance en zone libre, désireux d'affaiblir la tutelle de Moulin, se rallier à la philosophie de Brossolette.

Les tensions entre tous ces hommes qui risquent leur peau à chaque instant ne ressemblent pas à des débats de salon. Quant à la vie en vase clos à Carlton Gardens, elle ne pousse pas à des compromis spontanés. A de Gaulle d'arbitrer. Dans le choix qu'il fera en faveur de Moulin pèse naturellement une même vision politique mais joue aussi un sentiment de plus grande confiance personnelle : un préfet est, aux yeux d'un militaire, un collaborateur plus sûr qu'un journaliste brillantissime mais exalté. Moulin passe donc cinq semaines à Londres en palabres permanents : avec le Général, avec ses équipes, avec les hommes politiques présents sur place mais aussi avec les responsables britanniques. De Gaulle tranche d'abord le problème du pouvoir : il étend l'autorité de Moulin à la zone occupée en faisant de lui son seul représentant permanent en France métropolitaine et, pour que ne subsiste aucun doute, le commissaire à l'intérieur s'en fait l'interprète dans une missive à Brossolette et Passy alors en France : « Rex – i.e. Moulin – a pleins pouvoirs pour toute décision concernant la

zone occupée aussi bien que la zone libre… Doré-
navant si les communications étaient coupées
avec le Général de Gaulle et le Comité national
français de manière permanente, c'est-à-dire pendant un mois ou presque, Rex, après avoir s'il le
peut, pris les avis d'Arquebuse – i.e. Passy – et
de Brumaire – i.e. Brossolette – et du Conseil de
la Résistance s'il est constitué, est habilité à
prendre les décisions qu'il croira nécessaires. »
Enfin, pour faire bonne mesure, Moulin est
nommé « commissaire national en mission »,
donc membre du gouvernement, encore en poin-
tillé, qu'a constitué le Général.

La hiérarchie est, en théorie, claire. Elle ne fait
que confirmer la citation dont de Gaulle avait
accompagné le 17 octobre 1942 la nomination de
Moulin comme Compagnon de la Libération :
« Chef de mission d'un courage et d'un esprit de
sacrifice exemplaires… » Mais la Résistance n'est
pas une armée régulière, avec ses règles naturelles
de commandement. Etre investi de l'autorité ne
garantit pas d'être en état de l'exercer : c'est le
talent de Moulin de passer, en l'occurrence, de la
théorie à la pratique, en face de chefs de mouvement aussi ombrageux que courageux, aussi rétifs
que dévoués, aussi indociles qu'entreprenants.

Mais sans le soutien jamais démenti de Londres, il n'y serait sans doute pas parvenu.

Quelles armes avait-il en main pour se faire obéir sur le terrain ? L'argent ? Il en a joué en 1942 et le fera à son retour en métropole mais c'est un moyen de pression qui trouve vite sa limite : on n'asphyxie pas un mouvement de résistance, au risque de mettre en danger ses membres, au seul motif d'amener son chef à résipiscence. Le rappel à Londres ? Voilà un simulacre de sanction qui suppose la complicité de Carlton Gardens et que Moulin n'a jamais hésité à manier. Quel chemin parcouru : arrivant notable sans grand relief en octobre 41, le voilà proconsul clandestin du Général pour la France entière un an plus tard !

Pendant ce temps, à Vichy ou à Paris, Bousquet assume. Comme pour la rafle du Vel' d'Hiv, il n'éprouve guère d'état d'âme au moment de l'affaire de Marseille. Le 3 janvier 1943 deux bombes éclatent dans la ville. Sommé de désigner les otages à exécuter, le préfet régional, Joseph Rivalland, – prédécesseur de Bousquet au secrétariat général à la police –, a le front de répondre : « Il n'y a qu'un otage ici, c'est moi. » Il refuse ensuite de procéder aux deux mille arrestations que réclame l'occupant. L'affaire remonte jusqu'à Hitler. Oberg convoque Bousquet, l'informe de la décision du Führer d'évacuer et de détruire le Vieux Port et lui demande de n'en parler qu'à Laval. D'après le témoignage d'Oberg, le secrétaire général essaie de négocier et de substituer la police française à la police allemande pour l'exécution de l'opération.

Les deux hommes décident de se rendre de concert sur place. Lors d'une conférence entre Allemands et Français, l'occupant répète la décision de traiter Marseille comme Prague au lendemain de l'assassinat de Heydrich : c'est tout dire... Bousquet fait une contre-proposition : c'est la police française qui évacuera le Vieux Port et raflera des milliers d'« indésirables ». Quant à la destruction, elle demeurera du ressort des Allemands. Le projet remonte jusqu'à Himmler qui le fait sien : « Nous n'avons plus aujourd'hui assez d'hommes pour maintenir pendant de longues périodes des forces de l'ordre et de la police de sécurité en de tels points chauds... La porcherie de Marseille est une porcherie française. La police française et la France doivent bien comprendre qu'elles nous doivent la plus profonde reconnaissance. » Ainsi fut fait.

Redescendu à Marseille, Bousquet dirige les opérations du 22 au 24 janvier. Il pense avoir obtenu que les Marseillais interpellés restent en zone Sud. En fait, Oberg fait partir vers Compiègne plus de mille personnes, dont beaucoup de Juifs français. Toujours fidèle à sa doctrine – sacrifier les étrangers et garder l'autorité sur les Français –, Bousquet a une altercation avec Oberg et parvient à faire descendre des trains une centaine de personnes. Dans son témoignage, Oberg affirmera que, face aux trains prêts à partir, Bousquet est au bord des larmes. Sans doute voir comment des bordereaux bureaucratiques se transforment en wagons à bestiaux où s'entassent les hommes l'émeut-il. Mais ce n'est qu'un trouble passager : le secrétaire général prend la route de Toulouse. Il n'est plus présent pour assister à la destruction, par les Allemands, des immeubles du Vieux Port. A aucun moment Bousquet n'a en fait compris que son acharnement à substituer ses troupes à la police allemande n'aboutissait pas de leur part à des concessions, mais leur rendait, comme l'avait écrit Himmler, un fieffé service, en allégeant la pression sur leurs effectifs.

Inlassable intervenant contre les persécutions antisémites, le pasteur Boegner rencontre le secrétaire général à la police après avoir en vain plaidé auprès de Laval. Quand le chef du gouvernement répond au prélat : « Je fais de la prophylaxie », Bousquet se contente de concéder : « Evidemment une opération de ce genre ne peut se faire en douceur lorsqu'il faut faire vite. » Interpellé par son visiteur sur le côté « chasse à l'homme avec chiens policiers et le reste », il s'abrite derrière la pression allemande : « Nous devons les chercher – i.e. les Juifs étrangers. Les Allemands savent tout ce qui se passe de ce côté. Ils savent que nous devions leur donner tant d'étrangers, qu'ils n'en ont pas le nombre demandé et que les autres sont cachés dans les couvents et les fermes. » Pris à partie par Boegner sur les condamnés politiques, le chef de la police rétorque : « Il y a, Monsieur le pasteur, des raisons d'Etat... Tous les Etats ont dû faire cela ; tous les pays en guerre l'ont fait. » Le pasteur a noté une autre réplique glaçante de Bousquet : « L'impopularité actuelle du gouvernement sera un de ses plus beaux titres de gloire dans l'avenir. » Confronté à des questions sur la destination d'une famille juive raflée, Bousquet répond au secrétaire personnel du président du Consistoire central qu'elle cultive la terre près de Cracovie. Hypocrisie absolue ? Demi-crédulité par souci de bonne conscience ? Indifférence cynique ? Un mélange de tous ces sentiments ? Comment savoir...

Certes, de temps à autre, soit pour apaiser de peu probables remords, soit par fidélité mondaine, Bousquet sauve-t-il quelques rares individus, tels Pierre Janet, collaborateur de l'éditeur René Julliard, ou d'autres grands bourgeois. D'une tout autre nature est son intervention en faveur de son parrain politique, Maurice Sarraut, directeur de *La Dépêche du Midi* à Toulouse. Celui-ci est arrêté par la Gestapo pour « attitude anti-allemande » et « liens avec la résistance espagnole ». Bousquet prend le mors aux dents, exige de voir Oberg en urgence, met cette fois-ci sa démission dans la balance et obtient satisfaction, preuve qu'à cette date, janvier 1943, les Allemands ne souhaitent pas se passer des services du secrétaire général.

Mais sur les questions liées à la déportation des Juifs, il ne se manifeste avec énergie que deux fois vis-à-vis des Allemands. Lorsque, Drancy étant passé en juillet 1943 sous le contrôle direct des SS, les sévices se sont multipliés au point d'émouvoir Pétain, Bousquet proteste par écrit auprès de Knochen et vitupère l'internement et la déportation d'« Israélites d'origine française et d'étrangers vivant en France depuis de longues années et ayant toujours respecté les lois de notre pays ». Fugitif sursaut moral ou énervement bureaucratique d'avoir vu le camp échapper aux autorités françaises ? La révolte, purement épistolaire, fait long feu puisque, invité par les Allemands à visiter Drancy et à se faire sa propre opinion, Bousquet préfère se dérober. Il réagit quelques mois plus tard, toujours par écrit, auprès de Knochen lorsque celui-ci réclame le droit de consulter en zone Sud les listes de Juifs français établies par les préfectures : « Pour les services de police et l'administration française, le fait d'être Israélite ne constitue pas une présomption de responsabilité ni en matière politique, ni en matière de droit commun. Il ne peut même comporter une aggravation de cette responsabilité dans la mesure où un Juif est poursuivi pour un crime ou un délit puni par notre législation nationale. » Dieu sait que Bousquet arguera de ce texte, inhabituel sous sa plume, lors de son procès. Mais ne s'agit-il pas simplement pour lui de préserver le pré carré de l'administration française ? Si la lucidité avait soudainement frappé Bousquet, ou plus encore la morale, il se serait démis.

CHAPITRE 11

L'APOGÉE DE JEAN MOULIN

Le 20 mars 1943, Moulin et Delestraint rentrent en France. Leurs instructions sont claires. Pour le commissaire national en mission : reprendre la main sur les mouvements, en assurer la direction et, sur le plan politique, mettre en place le Conseil national de la Résistance. Pour le second, fabriquer une véritable Armée secrète à partir des bribes paramilitaires qui existent de-ci de-là, dans les divers réseaux. C'est une gageure, tant les chefs des mouvements y voient une *diminutio capitis* qu'ils estiment inique, puisque l'action militaire leur est enlevée au profit de Delestraint. Henri Frenay est, comme toujours, le plus rétif. Pour ce connétable prêt à accepter un lointain suzerain, la transformation de la Résistance en système politique d'une part, en armée aussi classique que possible de l'autre, est insupportable.

Mais Moulin ne veut pas transiger. Comme il l'écrit le 7 mai 1943 au Général : « Au point de vue militaire la résistance française ne peut être considérée que comme un élément, entre bien d'autres, de la lutte entreprise par les alliés contre l'Axe. Elle doit donc entrer strictement dans le cadre fixé par l'Etat-Major allié, si l'on veut que la France reprenne un rôle dans la lutte commune. A ce titre, vous êtes le chef militaire des Français sans réserves, ni restrictions. »

De Gaulle avait bien choisi son délégué. De retour en France, celui-ci aurait pu s'octroyer une autonomie et jouer cyniquement des rivalités entre Londres et les résistants. Il n'en est rien : c'est à un homme impossible à manipuler qu'ont affaire les chefs des mouvements. En revanche, Moulin a gardé les réflexes d'un bon préfet, prêt à défendre les intérêts de son département face à Paris. Ainsi se fait-il le porte-parole des mouvements pour réclamer le maximum d'argent à Londres. A la fois pour donner aux réseaux les moyens de leur action mais aussi pour les empêcher d'aller quémander des subsides auprès des services spéciaux américains, ce qui affaiblirait leur obéissance aux organes de la France combattante. Fidèle exécutant des instructions de De Gaulle, Moulin n'est pas néanmoins un rouage aveugle : il est prêt à se faire l'avocat des mouvements vis-à-vis de Londres, dès lors qu'ils entrent dans le cadre fixé par le Général et dont il se veut le garant.

Mais le plus délicat dans la feuille de route de Moulin est la création du Conseil national de la Résistance. Voilà un projet de nature politique qui exige de la part du délégué du Général un talent, lui aussi politique. Rapprocher les mouvements de résistance avait requis de la finesse, de la patience et de la diplomatie, mais il s'agissait d'organismes *sui generis* que ne perturbaient ni des enjeux idéologiques, ni des chocs entre diverses traditions historiques, ni des rivalités intestines, ni les souvenirs d'affrontements passés. Le Conseil national de la Résistance est supposé marier trois fois l'eau et le feu. En faisant cohabiter mouvements de résistance et vieux partis politiques, alors que les premiers sont plutôt sur la position de Brossolette : ne pas pactiser avec les résidus du passé que représentent à leurs yeux les seconds. En liant les réseaux résistants et les syndicats traditionnels que tout sépare : les uns, organismes spontanés nés de la société civile, les autres héritiers de la lutte des classes. En obligeant partis et syndicats à pactiser, alors que depuis la Charte d'Amiens, leur indépendance mutuelle fait partie de leurs ADN respectifs. S'ajoute enfin un impératif trop souvent sous-estimé : mettre fin à la dérive entre les deux France, zone occupée et zone libre. Même si celle-ci avait pris fin avec l'occupation de la zone libre, deux ans et demi de coupure avaient induit des attitudes et des comportements divergents, y compris au sein de la Résistance : faire face dans le Sud à la répression de Vichy ne s'assimilait pas à l'affrontement, dans le Nord, avec l'occupant allemand.

Que de palabres entre le 20 mars et le 27 mai 1943, date de la première réunion du CNR ! Effacer les initiatives qu'avait prises Brossolette pendant sa mission en France afin d'écarter du processus les partis traditionnels. Faire accepter à des mouvements de résistance indociles l'existence de cet étrange parlement – le CNR – dont ils ne voient pas l'utilité. Obliger chacune des trois entités à s'accommoder des deux autres. Ne pas céder à la pression de communistes désireux de préserver leur tête-à-tête avec le Général et d'éviter une cohabitation avec les socialistes et les forces issues du centre et de la droite. Obliger des hommes qui se détestaient ou se méprisaient à siéger ensemble. Surmonter les obstacles matériels liés aux exigences de la clandestinité…

Quelles sont les armes de Moulin pour résoudre la quadrature du cercle ? Le rappel incessant de l'objectif commun : la libération du pays. La référence mythique à un de Gaulle, certes affaibli par les palinodies anglo-américaines, mais dont l'ombre portée sur l'opinion publique ne cesse de croître. Le recours au principe d'autorité : les pouvoirs de Moulin sont suffisamment clairs pour qu'en faire fi s'assimile à une forme plus ou moins avouée de rébellion. Le charisme, la séduction, le charme enfin : instruments naturels d'un chef talentueux.

Que d'allers-retours entre les uns et les autres pour parvenir à une composition sophistiquée du Conseil : seize membres, huit représentants des mouvements, six des partis, deux des syndicats. Celle-ci établit une parité entre la nouvelle France issue de la Résistance et l'ancienne, héritée de l'Histoire. Elle donne la primauté à la première sur les seuls partis et à ces derniers sur les syndicats. C'est un travail d'orfèvre. Quant à la poussée communiste, elle est cantonnée avec la présence d'un mouvement de résistance crypto-communiste – le Front national – et du représentant du PC : c'est, certes, un privilège par rapport aux autres partis, mais c'est aussi tenir compte du poids pris dans la Résistance par l'appareil communiste.

Voici donc les seize hommes réunis 47 rue du Four, le 27 mai autour de leur président, le délégué du général de Gaulle. Méticuleux, Moulin ne laisse à personne le soin de rédiger le compte rendu de la réunion. Il sait, à l'évidence, présider. Ainsi rappelle-t-il les objectifs de la Résistance – faire la guerre, rendre la parole au peuple français, rétablir les libertés républicaines, travailler avec les Alliés – et les développe-t-il avant de lire un message du Général. Aurait-il procédé en sens inverse, le message précédant son propos, qu'il serait apparu comme un simple exécutant. Expérimenté comme il l'était, Moulin savait que la conclusion d'une réunion aussi formelle, avec des participants aussi suspicieux, devait avoir été établie au préalable. Aussi la motion que lit Georges Bidault et qui va être approuvée à l'unanimité avait-elle été négociée à l'avance. Pierre Villon se livre certes à un baroud d'honneur au nom des communistes et conteste « le culte de la personnalité du Général », tel qu'il se manifeste dans le texte, mais après un rappel à l'ordre de Moulin, il se rallie au point de vue de ses camarades de résistance.

En fait, conscient de l'arme que constitue la création du CNR dans les mains de De Gaulle, face à Giraud et aux Anglo-Américains, et profitant du flou inhérent aux difficultés de transmission, le délégué national n'a pas hésité à anticiper sur la réalité et à câbler dès le 8 mai : « Conseil de la Résistance constitué. Essaie d'organiser réunion prochaine. » De même a-t-il adressé un texte, comme s'il émanait du Conseil, avant même qu'il existât, et qui marquait le choix de la Résistance en faveur de De Gaulle contre Giraud : « Subordination de De Gaulle à Giraud comme chef militaire ne sera jamais admise par peuple de France qui demande installation rapide gouvernement provisoire Alger sous présidence de Gaulle avec Giraud comme chef militaire. Quelle que soit l'issue des négociations de Gaulle demeurera pour tous seul chef Résistance française. Fin. »

Un peu de manipulation ne messied pas à l'exercice du pouvoir, surtout quand il est clandestin et que l'opacité ouvre de ce point de vue des opportunités. Autre manipulateur, lui de génie, de Gaulle ne rate pas le coche. Il brandit le câble, le 15 mai, déclarant : « Voici l'instrument qui va me permettre de m'imposer à Giraud et aux Alliés. » L'opération provoquera, à juste titre, l'ire des participants du CNR et, duplice, Moulin n'hésitera pas à se faire leur porte-parole : « Le fait de réunir tous ces hommes – i.e. les membres du Conseil – dans un même lieu leur faisait courir plus de risques encore. Ces risques, ils sont tous disposés à les courir, à condition que ce soit pour faire œuvre utile. Le Général de Gaulle aura de plus en plus besoin de ces hommes. Les accords d'Alger ne régleront jamais la situation en France et c'est ici même qu'il doit chercher ses appuis. Il ne faut donc pas commettre la maladresse de lui aliéner ceux qui doivent constituer ses appuis[1]. » C'est l'ambiguïté du métier préfectoral, appliqué à des enjeux historiques et non à des affaires subalternes de subventions : un total dévouement au chef et une solidarité affichée avec les responsables locaux sur des points mineurs. Moulin n'a pas perdu les réflexes d'un bon préfet.

Bousquet non plus, mais il ne les applique malheureusement pas aux mêmes causes… Il administre, renforce les cadres de la police, intègre la gendarmerie et la Garde républicaine, réclame aux Allemands de mieux les armer. Il met en

---

1. Lettre de Jean Moulin adressée à Londres, citée par Daniel Cordier, *Jean Moulin*, *op. cit.*, p. 721.

place le STO – Service du travail obligatoire – sans enthousiasme mais avec professionnalisme, se livrant à un seul tour de passe-passe, les recrutements dans la police pouvant servir de substitut au départ pour l'Allemagne. Il n'hésite pas à aller annoncer lui-même à Herriot et Daladier que leurs personnes passent, malheureusement pour eux, sous le contrôle direct des Allemands : gestes bizarres qui témoignent soit d'un reste de déférence à l'égard des caciques de la IIIe République, soit du voyeurisme, soit d'un zeste de sadisme. Et il continue à faire arrêter les résistants, à rafler les Juifs et à exécuter les desiderata d'Oberg. Songe-t-il à partir, comme tant d'autres à ce moment là ? Lorsque Maurice Couve de Murville et Jacques de Fouchier viennent lui annoncer que, sous couvert d'une mission en Espagne, ils vont rejoindre la France combattante, Bousquet ne leur dit ni qu'il les envie, ni qu'il les rejoindra mais que ce sont des lâcheurs.

S'il avait voulu partir, avec les moyens qui étaient les siens, il aurait pu le faire bien plus aisément que ses collègues des autres administrations. Il ne l'envisage pas. Croit-il à la victoire de l'Allemagne, sans mesurer l'ampleur du reflux qui s'annonce ? Ne veut-il pas, par loyauté, abandonner Laval ? Jouit-il à ce point de son pouvoir administratif qu'il ne peut renoncer à cette drogue ? Ou, tel un automate qui se refuse à réfléchir, se contente-t-il d'effectuer sa besogne bureaucratique ? Toujours est-il que durant ces mois les déserteurs de Vichy sont encore accueillis à bras ouverts à Alger. Fort de ses soutiens radicaux et de ses liens francs-maçons, Bousquet n'aurait aucune difficulté à devenir un fonctionnaire important de la France d'Alger. Changeant à temps de monture, il pourrait poursuivre ce à quoi il tient tant : sa carrière. Il n'en fait rien.

CHAPITRE 12

MOULIN CONTESTÉ, DÉNONCÉ, TORTURÉ

Dans cet univers de la Résistance où les débats de fond se mêlent aux querelles de personnes et où le courage se mue en arrogance, l'ascension de Moulin ne peut que provoquer des chocs en retour. A Londres, où Brossolette et Passy essaient de reprendre la main. En France, où les chefs de mouvement s'efforcent de reconquérir l'indépendance que le délégué du Général les a obligés à aliéner. C'est donc à une double fronde que Moulin doit faire face.

Arquebuse et Brumaire – Passy et Brossolette – occupent le terrain londonien. Ils expliquent qu'ignorant les subtilités de la Résistance en zone occupée, Moulin a multiplié les faux pas que seule leur intervention a pu corriger. L'un et l'autre réitèrent, par ailleurs, leur opposition au processus qui a permis d'« embarquer » les partis politiques et les syndicats au sein de la France libre. De même s'offusquent-ils de la trop grande dépendance de Delestraint – et donc de l'Armée secrète – vis-à-vis de Moulin. Ce front-là n'est pas le plus dangereux car le choix de De Gaulle en faveur de Moulin, aux dépens de Brossolette, traduisait – nous l'avons vu – la vision militaire de la discipline qu'incarnait l'ancien préfet par rapport à l'approche, plus lyrique, plus journalistique de Brossolette. La mise en place du CNR et l'habile manipulation des dates par Moulin, afin d'aider de Gaulle face à Giraud, conféraient un trop grand crédit au commissaire national en mission pour que celui-ci puisse être facilement mis à bas par les critiques d'Arquebuse et Brumaire.

L'attaque menée par les chefs des mouvements est autrement plus sérieuse. A la différence de Brossolette et Passy, *missi dominici* de la France libre mais non responsables directs de la Résistance, eux en sont les patrons opérationnels et ont donc des moyens de rétorsion. Frenay, d'Astier et Lévy sont pour une fois d'accord. Ils veulent bien d'un Moulin politique présidant à l'ancienne le CNR, ils n'acceptent pas le Moulin présidant le Comité de coordination des mouvements et voulant, à ce titre, exercer sur eux une autorité pleine et entière. Mais afin que leur révolte n'apparaisse pas comme une insoumission vis-à-vis du Général, ils expliquent au contraire que le délégué constitue un écran impénétrable entre Londres et eux. Toujours aussi méprisant à l'égard du « petit fonctionnaire appointé », d'Astier va plus loin : « Les Mouvements souhaitent recevoir des directives du Général de Gaulle, leur chef, mais leurs troupes et leurs activités ne peuvent être remises en aucun cas entre les mains de fonctionnaires n'ayant qu'une connaissance épisodique ou abstraite des possibilités de la masse résistante ; de fonctionnaires qui décideraient sa structure et l'amputeraient d'éléments essentiels et qui feraient, sous prétexte qu'ils représentent le Comité national, une politique autoritaire et personnelle. » Quant à Frenay, il écrit à Moulin : « Nous nous considérons un peu, si vous le voulez, comme un parti qui soutient un gouvernement mais pas pour autant aux ordres de ce dernier. » Il ajoute : « Vous semblez méconnaître ce que nous sommes vraiment, c'est-à-dire une force militaire et une expression politique révolutionnaire. Si sur le premier point et avec les réserves que j'ai faites à notre dernière réunion, nous nous considérons aux ordres du Général de

Gaulle, sur le second nous conservons toute notre indépendance. »

Commissaire national à l'Intérieur et à ce titre interlocuteur de la Résistance, André Philip finit par être sensible aux arguments des chefs de mouvement et, tout en confirmant à Moulin ses attributions, les détricote dans une lettre qu'il lui adresse : « Je me demande si vous n'êtes pas allé un peu vite dans la voie de la centralisation avant d'avoir vous-même des services suffisamment étoffés… » Mais l'arrière-pensée est autre : dans la perspective du rapprochement avec Giraud, Philip craint que celui-ci n'essaie de mettre la main sur la Résistance. Rendre à celle-ci son autonomie est donc à ses yeux un utile repli tactique.

Si Moulin peut accepter à la limite ce raisonnement, il n'est pas homme à laisser critiquer son action par ceux qu'il considère comme ses subordonnés. Aussi réplique-t-il vertement dans son dernier rapport, daté du 4 juin. Il répond point par point aux reproches formulés en matière de centralisation et d'organisation de l'Armée secrète et de répartition des subsides. Se justifier de la sorte ne peut que lui coûter : sans doute estime-t-il avoir droit à de la gratitude et non subir la suspicion. Mais il ne laisse paraître son ire que quelques jours plus tard, lorsqu'il apprend que Philip a montré à Frenay et d'Astier le texte exact de ses instructions. Son télégramme est vengeur : « Bien reçu instructions douze juin. Proteste énergiquement contre communication mes rapports à autres que chefs officiels France Combattante. Même observation pour instructions qui me sont adressées. » Le texte parvient à Londres le 24 juin, en même temps que la nouvelle de son arrestation à Caluire.

Que se serait-il passé si Moulin avait échappé à la Gestapo et était demeuré en fonction ? Sa conception du pouvoir était conforme à celle de de Gaulle : simple, hiérarchique, militaire. Et à mesure que la menace Giraud se serait éloignée et que la Libération se serait profilée à l'horizon, de Gaulle n'aurait eu de cesse que de renforcer son autorité sur la Résistance et donc très probablement de conforter Moulin, comme il l'avait fait depuis sa nomination fin 1941. Mais, même pour un homme habitué, comme l'ancien préfet, depuis plus de vingt ans aux jeux de pouvoir, grands ou petits, de telles manœuvres menées en plein combat clandestin devaient être insupportables, et ce d'autant plus qu'il ne pouvait ni démissionner – ce serait, à ses yeux, déserter –

ni révoquer *manu militari* ses indociles subordonnés. S'ajoute un climat qu'il juge de plus en plus dangereux. Ainsi indique-t-il dans son rapport du 7 mai 1943 : « Le dernier très long rapport de Nef – i.e. Frenay – adressé aux chefs régionaux était trois jours après sa diffusion entre les mains de la Gestapo. Cela est d'autant plus regrettable que toute l'activité de Max – i.e. lui-même – depuis 18 mois y était retracée et commentée et qu'on y faisait état de ses déplacements. De même, ce rapport retraçait en partie l'activité de Vidal – i.e. Delestraint. »

Avec sa méticulosité de technocrate, Moulin a toujours été très à cheval sur les précautions de sécurité à prendre et n'a cessé de morigéner sur ce plan-là les responsables des mouvements tous plus jeunes que lui, souvent « têtes brûlées », aussi imprudents que courageux, aussi légers qu'admirables. S'il sait que le rapport de Frenay sur la « Résistance en France » a été saisi par la police française, il ignore qu'il en va de même pour toutes les archives de l'Armée secrète et que l'ensemble de ces documents a été communiqué à la Gestapo de Lyon.

Le secrétaire général à la police en a-t-il eu connaissance ? Nul ne le sait mais ses services agissent avec diligence, dans l'esprit des accords

Oberg-Bousquet de l'année précédente… L'inquiétude de Moulin est prémonitoire. Il apprend en effet le 14 juin l'arrestation de Vidal-Delestraint. Mais il garde la nouvelle pour lui, tant il est convaincu qu'elle va relancer les affrontements relatifs à l'Armée secrète. Aussi n'en fait-il part qu'à de Gaulle en lui demandant de désigner urgemment un successeur à Delestraint et en requérant son feu vert sur un dispositif intermédiaire – Aubrac pour la zone Nord et le colonel Schwartzfeld pour la zone Sud. Mais même dans la clandestinité, les secrets sont vite éventés : dès le 17, le Tout-Lyon de la Résistance est au courant.

Le 21 juin à Caluire appartient à l'imaginaire national. La maison du docteur Dugoujon, place Castellane, la salle d'attente avec les patients normaux et les patients « particuliers » – Moulin, Aubrac, Aubry, Hardy, Lacaze, Schwartzfeld, Larat –, l'arrivée des Allemands, les menottes, de premiers coups, la question inlassablement hurlée – qui est Max ? –, des horions de plus en plus violents devant le silence, la fouille, l'embarquement dans les voitures, la fuite de Hardy, quelques coups de feu. Les prisonniers sont transférés dans une cave de l'Ecole de Santé, d'après le témoignage du docteur Dugoujon, et séparés en deux groupes : « les coupables, Lacaze, Aubry, Lassagne, Xavier et moi-même, certains debout avec menottes dans le dos ; les suspects à qui on avait offert des sièges, enlevé les menottes : Ficher, Max, Aubrac, Schwartzfeld et ma domestique… A un moment donné, alors que nous sommes en train de recevoir des coups, un grand bonhomme à mine patibulaire, du genre des sbires de la Gestapo tels que nous les connaissons, arrive et dit en français, en jetant une liasse de courrier : "Max est parmi eux." Immédiatement jubilation intense de Barbie et de son acolyte… "Il ne s'agit pas de faire des histoires. Max, vous le connaissez, c'est le représentant du Général de Gaulle en France. Il est ministre dans le comité des Français de Londres, en mission en France pour commander toute la Résistance…" Coups, menaces. On nous fait tous monter dans un camion… Il y a là ceux qui ont été arrêtés avec moi dans la chambre. Nous sommes tous menottés. Aubrac et Max sont là aussi… »

Le matin du 22, Barbie n'a toujours pas identifié Max. Pour la suite des événements il n'y a pas d'autre témoin que le chef de la Gestapo à

Lyon. Barbie déclarera : « Ayant reconnu son identité, Moulin aussitôt me dit "n'attendez pas de moi que je me mette à vous raconter mon activité dans la Résistance…" Jean Moulin, alias Max, a une attitude magnifique de courage, tentant de se suicider à plusieurs reprises, en se jetant dans l'escalier de la cave et en se cognant la tête contre les murs entre les interrogatoires. » Evidemment, contrairement aux allégations de Barbie, Moulin a été maltraité. Aubrac en a témoigné : « J'ai vu Moulin par cet œilleton, il était décomposé, blessé et soutenu sous chaque aisselle par un homme en civil. »

C'est sans doute le 28 juin que Barbie, sur ordre de ses supérieurs, transfère Moulin à Paris. Il est à nouveau torturé comme en témoigne Lassagne : « il était méconnaissable, il n'avait plus que les yeux de vivants, la tête enveloppée de pansements, réellement moribond ». La décision est prise de transférer cette exceptionnelle prise de guerre à Berlin. Moulin meurt pendant le voyage et l'ordre de décès est établi le 8 juillet par la police allemande de Metz. Informé par Passy le 28 juin à Alger, de Gaulle se serait contenté – preuve de sang-froid souverain, dixit Jean-Louis Crémieux-Brilhac – d'un « Ah bon, continuons… ».

CHAPITRE 13

BOUSQUET, PERSONNAGE « NON GRATA »

Dès les premiers mois de 1943, le bruit court à Vichy du remplacement de Bousquet jugé insuffisamment sûr aux yeux des Allemands, par Déat, Doriot ou Darnand, collaborateurs plus zélés. Mais la réalité ne va pas, pour l'instant, dans ce sens. Ainsi, en visite à Paris le 3 avril, Himmler rencontre le secrétaire général. La réunion se passe au mieux. Un télégramme adressé à Berlin témoigne que « Bousquet s'est déclaré très satisfait de la compréhension qu'a témoignée à l'égard de la France le Reichsführer, compréhension qui dépasse encore celle manifestée par Heydrich… Himmler s'est exprimé d'une façon positive sur l'activité de Bousquet et lui a demandé de continuer comme il l'avait fait jusqu'ici ». Un autre télégramme précise : « Le Reichsführer a été impressionné par la personnalité de Bousquet et il partage maintenant la conception représentée jusqu'ici par Oberg, à

savoir que Bousquet est un collaborateur précieux dans le cadre de la collaboration policière
et qu'il serait un adversaire dangereux s'il était
poussé dans un autre camp. » Preuve que les Allemands n'excluent pas, eux, cette hypothèse. De
là la signature, le 16 avril 1943, d'un second
accord Oberg-Bousquet étendant à la zone Sud
les principes appliqués en zone Nord.

Les incidents se multiplient néanmoins entre
les deux hommes : empiètements allemands sur
les prérogatives françaises, menaces de démission
de la part de Bousquet. Celui-ci cherche-t-il le
conflit afin de quitter le navire vichyssois en per-
dition ? Ou, arc-bouté sur son objectif – préserver
l'autonomie de sa police –, joue-t-il de toutes ses
armes, dont la première est sans doute la menace
de partir, compte tenu du crédit qu'il pense avoir
auprès de l'occupant ? Des doutes émergent
cependant à son endroit. Ainsi est-il fait état,
dans un télégramme adressé à Ribbentrop le
29 mai, du nombre croissant de personnalités en
train de passer à la dissidence « grâce au laxisme
de Bousquet ». Cela accrédite naturellement la
thèse qui sera ultérieurement celle des défen-
seurs de Bousquet : les innombrables services
rendus et protections accordées... De plus en
plus circonspects à l'égard du secrétaire général,

les Allemands préfèrent néanmoins le *statu quo* car ils estiment ne pas avoir, pour l'instant, de solution de rechange. Aussi acceptent-ils les objurgations de Bousquet lorsqu'ils envisagent à nouveau d'arrêter les frères Sarraut.

Essayant de reprendre en main le chef de la police, Kaltenbrunner – le successeur de Heydrich – lui renouvelle une invitation de Himmler à venir visiter les installations policières du Reich. Bousquet se dérobe une nouvelle fois. Réflexe d'orgueil de haut fonctionnaire peu désireux de se sentir en position d'infériorité ? Ou sixième sens politique ? Quand on sait l'impact qu'auront les photos des intellectuels français en virée dans l'Allemagne nazie, on mesure qu'une image d'un Bousquet souriant aux côtés de Himmler ne lui aurait pas garanti un après-guerre douillet... Les escarmouches se poursuivent au printemps 1943, Oberg manifestant même à Leguay, le principal adjoint de Bousquet, son mécontentement à propos du ton d'une note que lui avait adressée son chef. Mais au-delà de cette insatisfaction formelle, le chef de la police allemande s'inquiète auprès de sa hiérarchie des connivences entre les « sphères supérieures de la police » et la Résistance, et n'imagine pas qu'elles puissent se développer sans la complicité, au moins passive, du secrétaire général.

Du côté de Vichy, les ultras de la collaboration s'en prennent aussi à Bousquet. Ainsi lui fait-on grief d'avoir fait arrêter en février 1943 les directeurs du journal *Au Pilori*, le patron de Radio-Paris, ainsi que Jean Filliol, ami de Delouche et ancien cagoulard. Toujours fidèle aux francs-maçons, Bousquet n'hésite pas à se heurter à ceux qui, tel l'amiral Platon, ne cessent de les pourchasser. De la même manière, Bousquet ne supporte pas la Milice : trop pro-allemande à ses yeux mais aussi police parallèle, donc une organisation dont la seule existence est une insulte aux yeux du patron de la police de l'Etat français. Il essaie en vain, en août 1943, de dissuader Darnand de revêtir l'uniforme allemand. Dans ce contexte, Laval passe le 23 août un message à Bousquet : le maréchal tient celui-ci pour responsable du manque d'énergie de la police. Interrogé le 15 juin 1949 devant la Haute Cour de justice, Bousquet décrit ainsi l'épisode : « M. Laval m'ayant déclaré que ma seule présence au Ministère de l'Intérieur risquait d'avoir pour l'administration et pour le pays des conséquences fâcheuses en raison de l'hostilité réelle qui m'environnait dans l'ensemble des milieux allemands et dans des milieux vichyssois influents, il m'offrit d'exercer à un autre poste des fonctions plus importantes et, sur le plan personnel, plus intéressantes... Je refusai toute compensation et demandai ma mise en disponibilité. »

Août 1943 ? Il aurait été temps de rejoindre la Résistance. D'autres l'ont fait plus tard encore, François Mitterrand le premier, et y ont trouvé leur place. Celle-ci aurait-elle accepté un tel transfuge ? A coup sûr : un Bousquet passé du côté de la France libre aurait eu une grande valeur, compte tenu de sa connaissance sans égale de l'administration allemande en France et de ses relais dans la police. Bousquet l'envisage-t-il ? Nul ne le sait. Mais lorsque Laval le rappelle, il accourt. Rien ne l'y oblige : mis de côté, il a mille prétextes pour refuser de rejoindre la pétaudière que devient Vichy.

Le voilà de nouveau aux manettes de la police. Avec la même obsession : renforcer ses outils, obtenir des Allemands des armes, accroître les effectifs, préserver son autonomie de décision. Incroyable cécité : comment un homme intelligent ne devine-t-il pas que le rouleau compresseur allié est en marche et que Vichy est condamné ? Quel intérêt a-t-il à se donner les mêmes objectifs qu'au printemps 42, c'est-à-dire à un moment où la partie n'était pas encore jouée ? Si c'est par cynisme, Bousquet raisonne faux. S'il agit encore par arrivisme, il se leurre. S'il est prisonnier de sa fidélité envers Laval, il se fourvoie. De tous les carrefours que Bousquet a pris dans sa vie, beaucoup sont condamnables. Celui-ci, le retour à Vichy, est incompréhensible, tant il est absurde.

En tout cas, réinstallé, Bousquet redevient une pièce dans le jeu de Laval. Envisageant un remaniement ministériel, celui-ci réfléchit à nommer le secrétaire général ministre du Ravitaillement, mais à en croire un télégramme adressé à Ribbentrop, Pétain est réticent car il le trouve trop jeune et surtout trop doux vis-à-vis des terroristes ! Oberg s'oppose, de son côté, à cette idée car il considère qu'à la tête du ravitaillement Bousquet aurait la clef de l'opinion française et qu'il pourrait l'utiliser contre l'occupant. Il veut bien de lui à la police car il peut encore le contrôler mais à aucun prix dans un poste plus autonome. C'est un répit temporaire. La méfiance de l'occupant à l'endroit du secrétaire général va crescendo dans le contexte d'un Vichy où se succèdent les coups fourrés et où plus personne n'apparaît sûr aux yeux des Allemands, hormis les collaborateurs maladifs, les miliciens et les officiers de la division Charlemagne.

Le 2 décembre, Maurice Sarraut est assassiné et Bousquet assiste aux obsèques en grande tenue de préfet, comme « ami personnel » du défunt, ce qui lui permet de côtoyer la fine fleur du radicalisme en train de glisser, avec la prudence qui sied aux radicaux, vers de Gaulle. Lui promet en tout cas à Albert Sarraut que, quoi qu'il puisse lui en coûter, justice sera faite. L'enquête est rondement menée, les coupables arrêtés : ce sont des miliciens et Bousquet convoque Darnand pour lui dire qu'il remontera la filière des assassins jusqu'au commanditaire ultime. Il ne sait pas, ce faisant, qu'il préjuge de sa force. Trois jours avant l'assassinat de Sarraut, Ribbentrop avait exigé un remaniement ministériel « garantissant la collaboration » et recourant à des « personnalités sûres ». Nul doute que Bousquet n'en fait plus partie. Oberg est en effet convaincu que, non seulement Bousquet tolère des centres de résistance dans la police, mais qu'il en a organisé lui-même. Quoique se sachant condamné, le secrétaire général tient à faire le bon élève en publiant un bilan flatteur des arrestations opérées. Geste absurde, qui témoigne d'un sens politique de plus en plus défaillant !

Le 30 décembre, Darnand est nommé secrétaire général au maintien de l'ordre, donc remplaçant de Bousquet avec un titre encore plus parlant. Mais fonctionnaire jusqu'au bout des ongles, ce dernier tient à aller faire ses adieux au maréchal. Il refuse néanmoins la rosette de la Légion d'honneur et part, sage précaution, avec une carte d'identité en blanc.

CHAPITRE 14

BOUSQUET INCAPABLE DE REJOINDRE LA RÉSISTANCE

Janvier 1944 : il n'est pas encore trop tard. N'est-ce pas seulement au printemps que même Malraux rejoindra le maquis ? Etonnante attitude : Bousquet est aux aguets ; il se sent menacé par la Gestapo et la Milice ; il ne peut même plus prétendre occuper ses fonctions aux seules fins de rendre des services. Et pourtant rien ne se passe : il ne franchit pas le pas. Il vit sur le qui-vive. A Paris avec deux policiers à sa disposition afin de déjouer un attentat de la Milice. A Nice où il part début janvier, il se déplace non pas en voiture officielle mais à moto et se tient, pendant les promenades, à distance de sa famille. Prévenu par le préfet de police, il sait qu'il est condamné à mort par la Milice mais fera en revanche remarquer, lors de son procès, que la Résistance ne fait peser aucune menace à son endroit.

Toujours est-il qu'il garde ses relations avec les Allemands : ainsi rencontre-t-il Oberg à Paris en février 1944. De tous les entretiens qu'ils ont eus ensemble, celui-ci aurait pu être le moins problématique et servir de couverture si Bousquet avait rejoint la Résistance. Mais tel n'est toujours pas le cas. Revoit-il Laval, ses anciens collègues, ses ex-collaborateurs ? C'est probable : habitué au secret, Bousquet n'a guère laissé de trace sur son emploi du temps pendant cette période. Rencontre-t-il des interlocuteurs qu'il sait membres de réseaux de la Résistance ou au moins proches d'eux ? C'est plausible, en particulier au sein des milieux radicaux.

L'ancien secrétaire général est à chaque instant sur ses gardes : ainsi fait-il aménager au printemps 1944 une issue de secours à partir de la cave de son immeuble, avenue de Camoëns. Il dispose d'armes à son domicile afin de pouvoir se défendre en cas d'attaque de la Milice mais il les cache, craignant aussi une perquisition de la Gestapo. Il semble avoir échappé à un guet-apens dans les jardins du Trocadéro. L'hostilité des activistes de la collaboration, miliciens en tête, s'exprime sous la plume d'un des plus violents d'entre eux, Dominique Sordet : « M. Bousquet a des attaches étroites avec la démocratie toulousaine et c'est ce qui va le perdre… Il voit dans la péripétie historique à laquelle il est mêlé l'occasion, pour un débrouillard comme lui, de se sauver à la nage. Devenu suspect à tous, M. Bousquet a dû s'en aller devant la montée du désordre… Obligé de céder sa place à Joseph Darnand, il se comporte en mauvais joueur, pour ne pas dire pis… M. Bousquet n'était pas au service de la France. Il était au service de la Démocratie. » Le 20 avril, dans *Au Pilori*, journal viscéralement pro-allemand, Jean Marquès-Rivière écrit : « Le grand responsable du terrorisme en France : René Bousquet… Il a accepté le maquis ; il l'a favorisé, il en a aidé le développement… Bousquet peut maintenant raser les murs à Montauban ou sur le littoral méditerranéen ; il peut s'appeler Bertin à Nice ou à Cannes et voyager dans une voiture sous la protection d'un inspecteur. Méprisé par les Anglais, honni par les communistes, rejeté de Vichy, il est maintenant dans la situation de Pucheu ; il en subira le sort un jour ou un autre. » Pucheu a été fusillé à Alger un mois plus tôt, malgré sa tentative – d'après Maurice Martin du Gard – de se défausser sur Bousquet. Sans doute l'affaire Pucheu dissuade-t-elle définitivement Bousquet de sauter le pas, s'il en a jamais eu la tentation. Mais si l'heure du ralliement à la Résistance est désormais passée, elle avait sonné tant de fois les mois précédents !

Côté allemand, la pression ne cesse d'augmenter vis-à-vis de l'ancien secrétaire général, à en croire son interrogatoire devant la Haute Cour : « Le 16 mai 1944, je fus convoqué chez Knochen. C'était au lendemain de l'arrestation des quatorze préfets (i.e. préfets de Vichy arrêtés par la Gestapo). Knochen me déclare que les autorités allemandes pensaient que j'étais moralement le chef responsable de l'attitude de ces fonctionnaires. Pour me mettre à l'abri de la mesure d'arrestation que demandaient les militaires allemands, Knochen me proposa de signer une déclaration approuvant la politique du gouvernement. Je refusai et demandai ma mise en disponibilité définitive. » Sans doute Bousquet se sent-il piégé : menacé d'exécution par la Milice, à la merci de la Gestapo et sous le risque, du côté de la Résistance, d'un destin à la Pucheu.

Ce sont les Allemands qui prennent l'initiative : il est arrêté le 9 juin 1944, transféré dans une villa à Neuilly, soumis à un questionnaire écrit. Questionnaire écrit… Ce n'est pas exactement le type de questions auxquelles Jean Moulin a été, lui, confronté ! Laval intervient en faveur de son ancien subordonné. Abetz indique au chef du gouvernement que l'arrestation ayant été faite sur ordre de Berlin, il ne pouvait rien faire, mais il précise que Bousquet ne sera pas maltraité. Comme celui-ci l'indiquera devant la Haute Cour, un officier allemand vient l'informer qu'il ne court pas grand risque. Oberg ira même jusqu'à présenter l'arrestation de Bousquet comme un moyen de le protéger d'un attentat communiste. Etonnante incarcération, si peu conforme aux usages gestapistes : le même Oberg va déjeuner avec le prisonnier dans son lieu de détention et lui indique qu'une maison lui est réservée en Bavière, s'il le souhaite. Neuilly n'est pas Montluc… Bousquet et les siens sont en effet transférés à une trentaine de kilomètres de Munich : l'ancien secrétaire général n'hésitera pas – l'inconscient parle-t-il en lui ? – à évoquer plus tard sa « déportation ».

Arrivent les Américains. Ils proposent, semble-t-il, à Bousquet de le faire passer aux Etats-Unis : tentative de retournement, comme ils en ont tant pratiqué vis-à-vis des nazis ? Celui-ci refuse, décide de rentrer en France où il est incarcéré le 17 mai 1945 au dépôt de cette préfecture de police dont il a été si longtemps le supérieur hiérarchique. A partir de son arrestation, Bousquet n'est évidemment plus le maître de son destin.

C'est dans les mois précédents que son attitude est étonnante. Il ne peut que pressentir l'issue du conflit ; il n'a – c'est une évidence – aucune sympathie pour les Allemands et donc aucune raison de les accompagner dans le désastre ; il n'est pas davantage proche du Vichy de 1944, de plus en plus fascisant et maladivement « collabo » ; il n'a aucune raison de témoigner aveuglement sa fidélité à un Laval qui a accepté de se débarrasser de lui ; il a encore, du moins à l'automne 43, voire début 44, une « valeur d'usage » pour les résistants ; il a tous les moyens d'entrer en contact avec les franges les plus indulgentes de la Résistance, grâce à ses amitiés radicales et franc-maçonnes.

Alors pourquoi cette passivité ? Le cynique était-il fatigué, l'ambitieux épuisé, le nationaliste démotivé, l'homme d'action amolli ? Le Bousquet immobile de ces mois-là ne ressemble ni au sous-préfet héroïque de Montauban, ni au préfet tonique de Châlons, ni au sémillant secrétaire général à la police. Si ce n'est pas par grandeur d'âme qu'il décide d'aller au bout de son chemin et d'affronter la justice, est-ce par fatalisme ?

CHAPITRE 15

BOUSQUET FACE À SES JUGES

Bousquet est désormais un collaborateur emprisonné ; ses biens sont saisis ; il est révoqué sans pension, privé de ses décorations, passible de la Haute Cour de justice. Transféré à Fresnes, il ne risque pas d'être dépaysé car il y croise le « Tout-Vichy ». Le voilà, le 23 mai 1945, inculpé « d'atteinte à la sûreté intérieure et extérieure de l'Etat, d'intelligence avec l'ennemi et de trahison ». Il n'existe pas encore, à cette époque, de « crime contre l'humanité » ; la Shoah n'est qu'un arrière-plan des événements et la rafle du Vel' d'Hiv un épisode, parmi tant d'autres, de l'Occupation.

Bon camarade, selon ses codétenus à Fresnes, Bousquet se met au service de Laval, une fois celui-ci incarcéré, et lui prépare des notes qui constituent autant de plaidoyers *pro domo*. Mais ayant retrouvé son instinct politique, il flaire le danger. Ainsi écrit-il à l'ancien président du Conseil : « On vous parlera également sans doute de la déportation des Juifs étrangers en 1942. Je n'assistais pas à la conversation que vous avez eue (ou aux conversations plutôt) à ce sujet. » Tiens donc… Mais fidèle en amitié, trait incontestable de son caractère, il se débrouille pour être autorisé à passer la dernière nuit avec son ancien patron, avant que celui-ci ne soit exécuté. Il écrira plus tard à Josée de Chambrun, la fille de Pierre Laval : « Une nuit entière auprès d'un ami que l'on aime et qui va être cruellement arraché à la vie, c'est une épreuve presque intolérable qui marque toute une existence. » La sensibilité de Bousquet était moins manifeste dans l'exercice de ses fonctions…

Au cours de l'année 1946, Bousquet n'est interrogé que deux fois. Sans doute s'en réjouit-il car, fort de son expérience politique, il sait que le temps est son meilleur allié : ce qui aurait constitué un crime en 1945 risque de n'apparaître que comme un délit plus tard, voire une simple erreur encore plus tard. Ces délais lui valent de surcroît une instruction méthodique et sérieuse, bien différente de celle menée dans la précipitation à la Libération. Pour ses avocats, au premier rang desquels son frère Louis, c'est l'occasion d'accumuler les témoignages à décharge : sur la période marnaise, sur les affrontements avec les Allemands et surtout sur les services rendus. Quant à Bousquet, il rédige mémoire sur mémoire et lorsque vient le moment des vrais interrogatoires et des confrontations en 1948, il prend l'ascendant sur le juge d'instruction et sur ses interlocuteurs. Sa ligne de défense est d'un classicisme absolu : le bon Vichy contre le Vichy des ultras ; la volonté de préserver l'autonomie française ; la part du feu dans un dialogue difficile avec l'occupant ; le double jeu ; les services rendus...

Le temps est bonne fille : une première demande de mise en liberté provisoire avait été rejetée en 1946 ; une seconde est acceptée le 1ᵉʳ juillet 1948. C'est donc en homme libre – rien n'est anodin – que Bousquet va affronter son procès. Entre-temps, il trouve sans difficulté du travail : les réseaux Laval, les amitiés de Vichy fonctionnent. Le voilà banquier.

Le 13 janvier 1949, la chambre d'instruction se réunit : les crimes d'intelligence avec l'ennemi et d'atteinte à la sûreté intérieure et extérieure de l'Etat sont abandonnés. Ne subsistent que deux infractions : « avoir porté atteinte à l'unité de la nation, à la liberté des Français et à l'égalité entre ces derniers ; avoir sciemment accompli en temps de guerre des actes de nature à nuire à la défense nationale ». La justice de 1949 n'est pas celle de 1945… Et la perspective d'une amnistie commence à nourrir le débat politique.

Quant à la Haute Cour, elle va sur sa fin : Bousquet sera son antépénultième accusé. Organe d'essence politique, composée exclusivement de parlementaires, elle est désormais politiquement déséquilibrée puisque les communistes s'en sont retirés en 1948 : ce n'est pas Bousquet qui s'en plaindra. Parmi les jurés tirés au sort, Jean Baylet, député radical du Tarn-et-Garonne, propriétaire de *La Dépêche du Midi* : quel meilleur allié pouvait espérer l'accusé ? Sûr de son fait, convaincu de la force de son dossier écrit, il ne convoque que deux témoins à décharge qui avaient, l'un et l'autre, bénéficié de sa protection du temps où il était secrétaire général. *Combat* décrit ainsi l'accusé : « Bien pris dans un costume bleu roi, cravaté de soie, l'ex-secrétaire général de la police de Laval est confortablement assis devant un bureau qui, sans être tout à fait ministre, tranche sur la sobriété des pupitres réservés aux jurés. » On est loin de l'atmosphère de l'épuration !

Quant à l'acte d'accusation, il ne laisse guère préjuger de la procédure à venir de crime contre l'humanité : « Bousquet, il est vrai, intervint souvent en faveur des Israélites, leur procura des facilités pour partir à l'étranger et en protégea une centaine au secrétariat général ; il s'opposa à l'extension du port de l'étoile jaune en zone Sud, fit relâcher en 1943 des Juifs arrêtés par les Allemands, intervint auprès de Knochen en faveur des internés de Drancy et refusa de laisser consulter par les Allemands les listes d'Israélites établies dans les préfectures. » A croire que la rafle du Vel' d'Hiv apparaît en 1949 comme « un détail de l'Histoire »...

Quant à la conclusion du procureur général, elle ressemble davantage à une plaidoirie qu'à un réquisitoire : « En résumé, s'il est évident que, sur le plan général, Bousquet s'est trouvé associé, dans une certaine mesure, à la politique de collaboration, on ne peut méconnaître que les initiatives qu'il a prises dans différents domaines, ont eu pour effet de contrecarrer ou d'atténuer l'effet des mesures auxquelles il participait. Notamment les rapports qu'il a entretenus avec certains résistants, les services qu'il leur a rendus, les services encore qu'il a rendus à d'autres Français, victimes de l'ennemi et de Vichy, doivent lui être comptés… Les divers éléments à décharge, joints à l'arrestation de Bousquet par l'ennemi et à sa déportation en Allemagne permettent de considérer que, malgré les fautes commises par l'inculpé, il a droit à de larges circonstances atténuantes. » Déportation ! Le mot a à cette époque-là un sens bien large : les victimes de la Shoah, les « déportés » du STO et maintenant Bousquet dans sa villa bavaroise…

La partie devient, dès lors, un jeu d'enfant pour un homme aussi habile que Bousquet. Il s'offre le luxe de faire abstraction des services qu'il a rendus et de définir la philosophie d'action d'une administration en période d'occupation : « Le rôle des administrations ne peut être en aucun cas d'appliquer servilement des instructions qu'elles peuvent recevoir, alors qu'elles savent parfaitement que ces instructions sont viciées à la base par les exigences de celui-là même qui occupe militairement le territoire. » Triomphant sur son action dans la Marne, Bousquet est suffisamment précautionneux pour essayer de limiter au maximum les responsabilités du secrétaire général à la police et de faire croire qu'il servait de courroie de transmission, bien davantage qu'il n'exerçait un poste d'autorité : « Je ne pensais pas que ma responsabilité puisse être engagée parce que des circulaires ont été envoyées sur l'ordre du ministre », ce à quoi le procureur général rétorque néanmoins : « Mon opinion est très nette et je dirai : responsabilité personnelle pour avoir obéi à des ordres coupables. » Quant aux persécutions antisémites, Bousquet proclame qu'il a soutenu cette politique « comme la corde soutient le pendu ». Il ajoute même : « Il faudrait plutôt penser à la collaboration du paratonnerre et de la foudre. » Paratonnerre, l'interlocuteur d'Oberg ? Paratonnerre, l'organisateur de la rafle du Vel' d'Hiv ? Paratonnerre, le responsable de la rafle du Vieux Port ?

L'homme est d'un aplomb confondant, mais il a raison. L'époque est à l'indulgence : c'est le même jour que François Mitterrand, alors porte-parole du gouvernement, rend public le projet d'amnistie en faveur des coupables de faits de collaboration que vient d'approuver le Conseil des ministres.

Arrive le moment du réquisitoire : le procureur réclame « la condamnation de Bousquet à une peine limitée et réduite d'emprisonnement et à celle de la dégradation nationale ». Ainsi rassuré, Bousquet peut alors plastronner dans son ultime déclaration : « Si je n'avais pensé qu'à moi-même, je n'aurais rien fait de tout ce que j'ai accompli au seul service de la République et de la France. » Le verdict ne fait qu'entériner ce que les débats laissaient augurer : cinq ans de dégradation nationale, peine dont il est immédiatement relevé. Chroniqueuse judiciaire de talent, Madeleine Jacob peut écrire : « Une minute de dégradation nationale. La Résistance est très bon marché cette année. »

CHAPITRE 16

DE GAULLE/MOULIN ET MITTERRAND/BOUSQUET

« Cet homme jeune encore, mais dont la carrière avait déjà formé l'existence, était pétri de la même pâte que les meilleurs de mes compagnons. Rempli, jusqu'aux bords de l'âme, de la passion de la France, convaincu que le "gaullisme" devait être, non seulement l'instrument de combat, mais encore le moteur de toute une rénovation, pénétré du sentiment que l'Etat s'incorporait à la France libre, il aspirait aux grandes entreprises. Mais aussi, plein de jugement, voyant choses et gens comme ils étaient, c'est à pas comptés qu'il marcherait sur une route minée par les pièges des adversaires et encombrée des obstacles élevés par les amis. Homme de foi et de calcul, ne doutant de rien et se défiant de tout, apôtre en même temps que ministre, Moulin devait en dix-huit mois accomplir une tâche capitale. La résistance dans la Métropole, où ne se dessinait encore qu'une unité symbolique, il allait l'amener à l'unité pratique. Ensuite, trahi, fait prisonnier, affreusement torturé par un ennemi sans honneur, Jean Moulin mourait pour la France, comme tant de bons soldats qui, sous le soleil ou dans l'ombre, sacrifièrent un long soir vide pour mieux "remplir leur matin". » Ainsi s'exprime de Gaulle dans le second tome des *Mémoires de guerre*. C'est un brevet *post mortem* de gaullisme que le Général décerne à Moulin. C'est une manière de clore le procès en sorcellerie crypto-communiste qui a été ouvert, après sa mort, contre le délégué de De Gaulle.

Certes, hommage est rendu, dans l'immédiat après-guerre, au premier président du Conseil national de la Résistance. C'est le gouvernement présidé par Georges Bidault, son successeur au CNR, qui le consacre le 5 octobre 1946 : « héros légendaire sous le pseudonyme de Rex, Régis, Max. Appartient désormais à l'histoire et à la vénération du pays sous son vrai nom de Jean Moulin ». Mais celui-ci n'est, dans l'imaginaire collectif, qu'un résistant important parmi d'autres. Son aura semble effacée, des années durant, par celle d'autres grands héros, à la fois dans les histoires de la Résistance établies sous les auspices du parti communiste et dans les

Mémoires de Passy qui, tout en reconnaissant les qualités du délégué du général de Gaulle, lui fait grief de s'être heurté à son ami Brossolette. Le soutien du Général à sa mémoire lui est pourtant acquis, comme en témoigne une lettre adressée le 8 avril 1947 à Laure Moulin, la sœur de Jean : « Jean Moulin, votre héroïque frère, était par excellence mon bon compagnon et mon ami. C'est parce que nous avions l'un et l'autre et en toute connaissance de cause une confiance entière que je l'avais choisi et désigné pour agir et parler, en mon nom et au nom du Gouvernement dont il était membre, sur notre territoire non encore libéré. C'est pour la même raison qu'il avait, de toute sa foi, accepté de le faire. Nos entretiens et nos travaux communs à Londres, comme les rapports qu'il m'adressait de France et les instructions que je lui envoyais jusqu'au jour même où l'ennemi l'a saisi pour le torturer et l'abattre ont été l'expression éclatante de cet accord et de cette confiance. » Mais à la tête du RPF, en pleine lutte politique, avec ce qu'il appelle « le système », de Gaulle n'est en état ni d'orienter les histoires de la Résistance en train de s'écrire, ni d'établir la hiérarchie des valeurs.

Aussi, nonobstant ces brevets de gaullisme, Frenay peut-il se lancer, dès 1950, dans sa croisade anti-Moulin. Celui-ci aurait systématiquement cherché à saper l'influence des mouvements pour mieux assurer la montée en puissance du PCF : « Jean Moulin était en fait l'homme du parti communiste. » Et il ajoutait : « Oh ! Je ne veux pas dire qu'il ait eu dans sa poche la carte du parti, mais simplement qu'il en a fait le jeu, que toutes ses actions, du moins celles que j'ai connues, ont directement ou indirectement servi le parti... » « Jean Moulin, crypto-communiste... C'est une réponse satisfaisante à toutes mes questions et alors brusquement tout s'éclairait. » Et Frenay répétera cette antienne, des années durant. Il ira même, sur le tard, jusqu'à imaginer Moulin agent du KGB, à l'instar des espions anglais de Trinity College à Cambridge. Même si ces élucubrations ne prirent pas, elles obligèrent néanmoins le Conseil de l'Ordre de la Libération, après avoir fait étudier cette thèse par quatre rapporteurs, à conclure à l'unanimité le 14 décembre 1977 : « Jean Moulin, Compagnon de la Libération, a rempli avec une totale loyauté la mission qui lui avait été confiée par le Général de Gaulle et pour laquelle il a donné sa vie. »

Mais c'est évidemment les 18 et 19 décembre 1964 que l'image de Moulin bascule. Pourquoi le Panthéon ? Pourquoi Moulin ? Pourquoi en 1964 ? Le gaullisme a son mausolée : le Mont-Valérien ; les grands militaires de la guerre, tous devenus maréchaux, ont leur propre culte ; le Général, chacun le devine, fera preuve pour sa propre inhumation d'une arrogante humilité. Il n'était pas évident de « panthéoniser » la Résistance intérieure. C'est donc un choix. Un choix de mémoire, vingt ans après. Un choix d'unité nationale : le Conseil national de la Résistance en est le symbole. Un choix politique : le gaullisme transcende les partis et les opinions, comme au temps des combats. Que Moulin en soit l'« heureux bénéficiaire » est plus évident. De Gaulle a les réflexes d'un militaire : la hiérarchie évite de se compliquer la vie. De même qu'en 1959 il choisit comme premier secrétaire général de l'Elysée Geoffroy de Courcel qui fut en 1940 son premier aide de camp, il désigne, comme incarnation de la Résistance, son premier délégué sur le territoire national qui en fut, à ses yeux du moins, le premier chef. C'est le meilleur moyen pour éviter les conflits de personnes et de mémoires : pourquoi Delestraint plutôt que Brossolette ? Ou l'inverse ? L'échantillon est, à cette date-là, réduit car nombre des chefs des mouvements sont encore en vie. Moulin est donc la solution !

Ce geste symbolique aurait-il pu avoir lieu plus tôt, par exemple dès le retour au pouvoir du Général ? Avec une guerre d'Algérie battant son plein, puis avec les tensions créées par l'OAS, l'esprit n'était guère à l'union nationale. En 1964, le pays est plus apaisé et cet acte symbolique est accompli avant la fin du septennat, à un moment où de Gaulle ne s'est pas encore représenté et donc où nul ne sait s'il aura du temps devant lui. La cérémonie est théâtrale : le cénotaphe battu par les vents, le Général hiératique, les corps constitués au garde-à-vous, les tambours voilés et Malraux épique sans être grandiloquent, lyrique sans être excessif, en un mot à son meilleur. Il a un mot d'une infinie justesse pour qualifier Moulin : « le Carnot de la Résistance ». Celui-ci n'est en effet ni le Hoche, ni l'Augereau, ni le Kellermann de cette aventure, mais Carnot. Non pas chef au front mais organisateur. Non pas homme de terrain mais homme de l'arrière. Non pas tacticien mais stratège. La place est désormais faite pour la légende.

Moulin sera « panthéonisé » une seconde fois, lorsque, le jour de sa prise de fonction en 1981,

François Mitterrand se met en scène au Panthéon avec ses trois roses rouges : la première pour Jean Moulin, la seconde pour Victor Schœlcher, la troisième pour Jaurès. Veut-il, avec son geste, arracher Moulin à la chanson de geste gaullienne ? Essaie-t-il d'ancrer de la sorte sa propre résistance dans l'Histoire et faire oublier l'autre Mitterrand, celui qui rime avec Bousquet ?

Cette rime ne commence pas à Vichy. Comme Mitterrand le dira, c'est après la guerre qu'il connaîtra Bousquet. Mais ils ont néanmoins un trait d'union très fort dans la capitale de l'Etat français : Jean-Paul Martin, chef de cabinet du secrétaire général à la police. Celui-ci est condamné, au titre de l'épuration administrative, le 7 mai 1945, à une mise à pied provisoire et à une rétrogradation. Mais il est très vite reclassé. Derrière cette sanction bénigne et si rapidement effacée, il y a des « attestations individuelles » et parmi celles-ci l'une est signée, le 25 octobre 1944, par François Mitterrand : « J'ai connu M. Jean-Paul Martin alors qu'il était directeur général du cabinet de la police nationale en août 1942. Je dirigeais, à cette époque, un des mouvements de résistance, le "Mouvement national des prisonniers de guerre et déportés" et j'ai plusieurs fois eu l'occasion de lui demander des services, soit pour avoir des renseignements sur des camarades arrêtés, soit pour les faire libérer… La Gestapo étant allée perquisitionner chez moi, 20 rue Nationale à Vichy et ayant pu échapper de justesse à ses recherches, j'ai eu recours à M. Jean-Paul Martin qui m'a procuré l'essence nécessaire pour quitter immédiatement Vichy… Les fonctions occupées par M. Jean-Paul Martin pouvant provoquer des difficultés administratives à son égard, je tiens à affirmer que j'ai toujours constaté chez lui des sentiments de patriotisme indiscutable… »

Aux yeux de François Mitterrand, Martin ne peut agir sans un blanc-seing, explicite ou silencieux, de son chef, en l'occurrence Bousquet. D'autres membres de l'univers Mitterrand manifesteront leur reconnaissance à l'égard de Martin : Jean Védrine, Ginette Caillard, Pol Pilven… Martin est, à l'évidence, fasciné par l'énergie et l'ambition de Bousquet, au point de lui donner le sobriquet de « Cardinal ». Difficile d'imaginer, dans ces conditions, que celui-ci ignore le double jeu de son subordonné et la protection offerte à Mitterrand et ses proches. L'affection de Mitterrand pour Martin ne se démentira jamais. Lorsque celui-ci décède, ses amis, Bousquet le premier, doivent se conformer à ses dernières volontés : la plus stricte intimité, un cercueil en bois blanc. Ceux-ci, dont Bousquet, se réunissent autour de sa dépouille et se demandent si Mitterrand, alors président, va venir. Il arrive, fait ouvrir le cercueil, y dépose une rose et le fait recouvrir d'un drapeau tricolore…

Avec un tel ami commun, les relations de Bousquet et de Mitterrand ne peuvent que prospérer après guerre. Elles se nourrissent de souvenirs directs et indirects, d'un fonds culturel identique et de l'intérêt du futur président pour un homme qui, grâce à ses relations avec Evelyne Baylet, exerce une influence clef sur une *Dépêche du Midi* sans laquelle il n'y a pas, dans ces années, de carrière politique possible à gauche. Et, en surplomb de ces intérêts croisés, une communion d'esprit dans l'antigaullisme et une symbiose entre ces hommes qui, peu ou prou, ont relevé de l'étrange catégorie des « vichystes résistants », l'un, Bousquet, plus vichyste que résistant, l'autre, Mitterrand, plus résistant que vichyste.

Pour un homme comme Mitterrand, l'itinéraire de Bousquet est plus familier que celui des gaullistes de l'été 40. Avec autant d'amis à partager et de connivences politiques, humaines et idéologiques, les itinéraires des deux hommes ne peuvent que se croiser après guerre. Poussé dans ses retranchements en 1994 par le livre de Pierre Péan, *Une jeunesse française*, Mitterrand assume : « L'homme Bousquet que j'ai connu, un homme d'action, passionné de politique, était très sympathique, très ouvert, un peu fat. Il avait beaucoup de carrure et ce rien d'un petit peu trop lié à ses origines méridionales. Peut-être y avait-il de la fragilité dans ce paraître, dans cette vantardise qui l'ont ensuite accablé. Je pense en particulier aux photos où on le voit avec les officiers allemands. » Incroyable plaidoirie : c'est la vantardise de Bousquet qui l'a rendu maladroit. Quant à son action, Mitterrand n'en fait pas état, puisqu'il considère que la Haute Cour de justice a clos le dossier. Etonnant respect de la chose jugée que le président de la République n'a pas manifestée en toutes circonstances.

Certes, Mitterrand et Bousquet n'étaient pas des intimes. Ils avaient de multiples liens directs et indirects mais plus profondément, ils étaient faits du même bois : idéologiquement parlementaristes et antigaullistes, culturellement ancrés dans le terroir, humainement habiles et cyniques, politiquement modérés et opportunistes. Ces connivences ont-elles suffi pour inciter Mitterrand à prendre des risques en faveur du Bousquet mis en examen pour crimes contre l'humanité ?

CHAPITRE 17

DE L'ESTABLISHMENT AU CRIME CONTRE L'HUMANITÉ

Mitterrand n'est pas la seule relation de Bousquet dans l'establishment. Celui-ci va en effet trouver sa place au confluent du monde économique, des médias et de la politique.

Entré à la Banque de l'Indochine à un poste suffisamment modeste pour que son recrutement passe inaperçu, il va y faire rapidement son chemin. Plus travailleur que la plupart, naturellement efficace, humble aussi longtemps qu'il lui faut apprendre, formé – c'est le moins – aux environnements complexes, il s'impose sans difficulté dans une institution qui, comme toutes celles liées aux colonies, vit dans une atmosphère professionnelle émolliente. En charge des agences d'outre-mer, secrétaire général, directeur général adjoint : l'ancien secrétaire général à la police n'a pas perdu le goût de brûler les étapes professionnelles.

Le voilà qui arpente l'Indochine française dans les années de guerre, afin de défendre les intérêts patrimoniaux de sa maison au Vietnam, au Laos, au Cambodge et qui circule dans toute l'Asie, de Singapour à Tokyo.

Le premier conseil d'administration qu'il rejoint, en dehors de la banque, est celui de la Cristallerie Baccarat. Fruit d'une passion ou d'une expertise pour les cristaux ? Certes non. Qui préside cette entreprise ? René de Chambrun, le gendre de Laval : c'est la preuve que Bousquet ne renie pas sa filiation avec l'ancien chef du gouvernement de Vichy et qu'il ne fait ni profession ni abstraction de son passé vichyste.

De même maintient-il les liens avec son équipe et son environnement de l'époque, au point d'embaucher le jeune frère de son ex-adjoint Jean Leguay. Il lui serait de toute façon difficile de passer, sur ce plan-là, inaperçu puisqu'il témoigne à l'automne 1954 au procès d'Oberg et de Knochen. Sûr de lui devant la Haute Cour, il l'est *a fortiori* comme témoin, cinq ans plus tard, réaffirmant la posture qu'il avait prise à l'époque : « J'étais comme beaucoup de Français et j'ai souffert comme beaucoup de Français de ce qui s'est passé sous l'Occupation en ce qui concerne le problème juif. J'ai au moins le mérite, devant le Général Oberg et le Colonel Knochen, de parler aujourd'hui comme je parlais il y a dix ans. » Habile, trop habile, il n'est poussé dans ses retranchements par personne, au point que Jean-Marc Théolleyre, le chroniqueur judiciaire du *Monde*, écrira : « On ne se croyait plus à un procès, mais à un congrès de quelque association internationale d'anciens combattants. » Les deux anciens SS seront condamnés à mort, graciés et libérés en 1962. Sans doute Bousquet pense-t-il qu'il en a fini avec son passé.

Côté monde des affaires, il poursuit un parcours banalement brillant entre sa banque et une myriade de conseils d'administration : un bourgeois comme tant d'autres. Il récupère sa Légion d'honneur en 1957, est reçu en audience par le président Coty : la vie de l'establishment... Dégagé, croit-il, du passé, Bousquet ne peut que trouver le milieu financier trop fade pour un tempérament comme le sien. Le démon politique ne l'a pas abandonné.

Existe-t-il meilleur trait d'union entre la vie économique et le monde politique que les médias ? De ce point de vue, Bousquet et *La Dépêche du Midi* ne se sont jamais quittés depuis l'époque où les exploits du jeune sous-préfet de Montauban faisaient la Une du quotidien. Le trait d'union a longtemps été les frères Sarraut et la *Dépêche* s'est certainement montrée le journal le plus « pro-Bousquet » lors de son procès. C'est, après la mort accidentelle en 1959 de Jean Baylet, propriétaire et gestionnaire du journal, et l'accession de sa femme, Evelyne, à la tête de l'entreprise, que Bousquet en devient un personnage clef : administrateur, conseiller de la patronne, âme damnée, il consacre au journal un temps considérable. C'est une position de pouvoir qu'il exploite à plein.

Les événements de mai 1958 vont susciter en lui le désir d'une véritable incursion en politique. Il est en fait doublement antigaulliste. Radical à l'ancienne, il est parlementariste et déteste, comme Mitterrand, Mendès France et d'autres, le « césarisme démocratique » auquel s'assimile la Constitution de la Ve République. Fidèle de Laval et ancien vichyste, il demeure viscéralement hostile au chef de la France libre. Aussi décide-t-il de se présenter aux élections législatives de novembre 1958 et revient-il à ses amours marnaises, se portant candidat dans la troisième circonscription de la Marne, sous une étiquette « Conciliation républicaine ». Seize ans après les accords Oberg-Bousquet, neuf ans après son procès, le voilà défenseur de la République, version radicale, devant le suffrage universel. Quel groupuscule le soutient ? L'UDSR dont Mitterrand est le président. Celui-ci aura néanmoins l'outrecuidance de prétendre en 1994 : « J'étais sûrement au courant mais je ne m'en suis pas préoccupé. » Résultat : éliminé au premier tour. Il est vrai que le triomphe gaulliste laisse sur le terrain de bien plus importantes victimes, Mendès France, Mitterrand, Edgar Faure.

Ayant mesuré les difficultés de la politique de terrain, Bousquet se réfugie dans le monde plus feutré de l'influence. Avec toujours en surplomb de toute son action un antigaullisme viscéral. Joue-t-il un rôle dans l'opposition systématique de la *Dépêche* au pouvoir en place ? Ce n'est pas sûr car les journalistes ne détestent rien tant que les empiètements des administrateurs sur les choix rédactionnels et ils n'ont pas besoin des pressions d'un Bousquet pour se faire les porte-parole de cette opposition radicale, méridionale, parlementaire à laquelle le gaullisme doit faire face. Celle-ci soutient évidemment le « cartel des non » lors du référendum de 1962 relatif à l'élection du président de la République au suffrage universel. Elle se retrouve unie derrière la candidature à l'Elysée de François Mitterrand en

1965. Bousquet aussi, naturellement : par hostilité au Général, par fidélité radicale, par réflexe vichyste et aussi par amitié pour l'homme. Jusqu'à quel point se mêle-t-il de la campagne ? Nul ne le sait.

Il poursuit pendant cette période sa carrière de banquier : avec efficacité mais sans grande passion. Un grade de plus, quelques postes supplémentaires d'administrateur – dont l'UTA : ce sont les hochets de la vie d'establishment. Pour ce genre de squale, tout cela doit sembler bien terne. Mais en 1978 le confort douillet – de l'argent, des relations, une discrétion de bon aloi – va exploser.

C'est l'entretien de Darquier de Pellepoix dans *L'Express* qui met le feu aux poudres. Son ennemi dans les combats de couloir à Vichy braque le projecteur sur Bousquet. Le passé, si soigneusement enterré, refait surface. Explosion politique, manifestations de protestation devant la Banque de l'Indochine, tensions à l'AFP sur le traitement de l'affaire, démission forcée, à l'instigation d'Antoine Veil, du conseil de l'UTA, agitation syndicale au sein même de la banque, réactions de « comités antifascistes » autoconstitués, tensions politiques à gauche et à l'extrême gauche...

Bousquet démissionne d'Indosuez et de ses autres conseils. Il se terre. En fait l'ancien secrétaire général va être emporté par un tourbillon qui le dépasse. Du livre de Paxton sur Vichy au *Chagrin et la Pitié*, d'*Holocauste* à *Shoah*, l'Histoire s'impose. Le refoulé français sur la collaboration refait surface. L'extermination des Juifs prend, dans la mauvaise conscience collective, la place qu'elle n'a pas eue pendant un quart de siècle.

L'affaire Bousquet est au cœur de ce bouleversement : elle en est à la fois une cause et une conséquence. C'est Leguay qui tombe le premier : il est inculpé, dès 1979, de crimes contre l'humanité. Dès lors que son principal collaborateur au secrétariat général à la police est entraîné dans cette procédure, Bousquet ne peut y échapper. En est-il conscient ? Il s'acharne à répéter qu'il a déjà été jugé.

C'est tardivement, en 1981, qu'une plainte est déposée contre lui ; elle aboutira le 19 mars 1991 à son inculpation. Sur le plan judiciaire, il faut trouver des éléments nouveaux par rapport au procès de 1949, afin d'échapper à la force de la chose jugée. Un seul est disponible : une conférence le 2 juillet 1942 dont il n'était pas fait état dans l'instruction préalable au procès en

Haute Cour. C'est un artifice, car la volonté d'inculper Bousquet ne traduit pas une nécessité judiciaire mais politique, médiatique et sociétale.

L'épisode se déroule à un moment où François Mitterrand est au firmament : réélu triomphalement en 1988, il règne sans partage. De là une lancinante question : le président de la République a-t-il cherché à ralentir la machine judiciaire et donc à protéger Bousquet ? Il dira en 1994 : « J'ai fait savoir à plusieurs reprises, en Conseil des Ministres, que je n'étais pas favorable à la réouverture de ces dossiers. Je prends tout sous ma responsabilité. » Cette attitude correspondait à la fois à une conviction viscérale chez Mitterrand – rien n'a été, pendant la période de l'Occupation, blanc et noir mais tout était gris –, à un réflexe de vichyste résistant, à des amitiés indirectes comme avec Cazaux et à un lien personnel avec Bousquet. De son côté celui-ci se soumet évidemment à la procédure judiciaire mais, à la différence de Maurice Papon, ne se livre à aucune contre-attaque médiatique : il ne sort pas de son silence public. Effet de l'âge ? Tactique ? Mépris ? Indifférence ?

Le 3 juin 1993, un homme sonne à son domicile : il tire cinq balles à bout portant. Un tel assassinat donnera lieu évidemment à toutes les élucubrations possibles. Christian Didier aurait-il été télécommandé ? Fadaises, à l'évidence. L'homme était fou et toutes les élucubrations sur le service que cette mort rendait à François Mitterrand sont évidemment purs fantasmes. Mitterrand n'avait jamais renié Bousquet : il avait publiquement réaffirmé son amitié pour lui et n'avait pas hésité à le recevoir à l'Elysée. Le pire était justement que, sûr de son bon droit, le Président de la République de l'époque estimait n'avoir rien à cacher sur ses liens avec l'ancien secrétaire général à la police.

CONCLUSION

J'ai entamé cette enquête avec des questions ; je l'achève sans avoir trouvé toutes les réponses. Moulin mérite d'être considéré comme un héros et Bousquet comme un salaud. Mais il faut peu de chose pour faire un héros d'un homme qui n'était pas nécessairement prédisposé à l'être. Il n'en faut guère davantage pour faire un salaud d'un homme qui n'était pas, non plus, prédestiné à le devenir.

Des circonstances extraordinaires ont révélé de Gaulle mais l'homme avait en lui, quand on se penche sur son passé jusqu'au 18 juin, les ressorts pour devenir le Général. Darquier de Pellepoix pensait, avant guerre, ce que la « divine surprise » de 1940 lui a permis d'accomplir. Mais Moulin n'était pas de Gaulle, ni Bousquet Darquier. Que serait devenu le préfet de Chartres si Vichy n'avait pas mis fin à ses fonctions en novembre

1940 ? Quel aurait été le destin de Bousquet si, relevé de son poste de secrétaire général à la police en 1943, il avait basculé dans la Résistance ? Et si l'on avait permuté les deux hommes, l'un officiant auprès de Cot et l'autre de Laval ?

Les vies lisses de hauts fonctionnaires ne facilitent pas les ruptures brutales. Vichy a aidé, *nolens volens*, Moulin à faire la sienne, en le traitant en ennemi. Bousquet n'a pas eu cette chance : c'est de lui-même que devait venir le réflexe éthique, à un moment donné, pour dire non. En a-t-il eu la perception mais non la force de caractère ? Ou cet homme intelligent avait-il perdu tous ses repères ? Pense-t-il vraiment ce qu'il déclare lors de son procès en toute bonne conscience ou s'agit-il simplement d'une posture efficace ?

Quant à Moulin, s'il avait survécu, que serait-il devenu ? Le bras droit du Général ? Un autre Mendès France ou un autre Mitterrand ? Ou aurait-il ressemblé à son successeur, Georges Bidault, qui mit sa gloire au service de l'OAS ? Questions iconoclastes quand on se remémore le martyre du délégué du général de Gaulle, mais qui ne sont pas dénuées de fondement. Rien ne dit que survivant, un héros se conduit plus tard de façon admirable, ni qu'un salaud n'essaiera pas de se racheter.

Ce ne fut pas le cas de Bousquet et c'est sans doute ce qui justifie la pire condamnation au tribunal de l'Histoire : il n'a jamais voulu, après guerre, expier, comme s'il n'avait rien sur la conscience. L'eût-il fait, comme l'étonnant officier de la division Charlemagne dans *Le Chagrin et la Pitié*, que son sort aurait été tout autre. Même si un retour tardif de la morale ne l'a pas poussé à une telle posture, l'intérêt égoïste, l'intelligence des situations, la perception du climat ambiant auraient dû l'y conduire. Une fois de plus, Bousquet ne sait pas trancher : c'est à force de ne pas prendre de risques qu'on devient un salaud. C'est à l'inverse en les multipliant qu'un homme sans qualités exceptionnelles devient, lui, un héros.

En surplomb de l'itinéraire de ces deux hommes réapparaît l'éternelle question du bien et du mal. Peut-on se satisfaire de l'approche mitterrrandienne ? Tout est-il gris, même si le gris clair est plus satisfaisant, moralement parlant, que le gris foncé ? Croit-on à l'inverse qu'un homme est orgueilleusement programmé pour le courage ou pour la lâcheté ? A ce compte-là, le destin de l'héroïque sous-préfet de Montauban était écrit et, à l'inverse, les entrechats du dandy, chef de cabinet à Chambéry, ne laissaient guère augurer une trajectoire admirable. Existe-t-il un ADN du héros et un autre du salaud qui suffisent à prédéterminer leurs actions futures ? Je n'en crois rien.

Mais il existe heureusement une autonomie de la volonté : la capacité de surprise de réaction, de refus. Ainsi du geste fondateur de Moulin refusant de signer le texte sur le viol des femmes. Mais celui-ci ne suffit pas non plus à préfigurer la suite puisque le préfet reprend son poste.

L'Histoire n'est pas toujours manichéenne. Prétendre que, lors de la Première Guerre mondiale la France incarne le bien et l'Allemagne le mal est un artefact. En revanche, la Deuxième Guerre, elle, est binaire : d'un côté le mal, cette perversion que Benoît XVI décrivait d'un mot – « quand le malin prend le visage d'un petit voyou » ; de l'autre le bien, la morale, le courage… Mais la ligne de partage s'applique-t-elle aux hommes avec la même netteté qu'aux situations ? A l'arrivée, à coup sûr ; au cours du cheminement, c'est moins évident.

Passées au crible de la conception sartrienne – un homme est ce qu'il fait de lui –, les vies de Moulin et Bousquet divergent, malgré au départ leur tronc commun. Héroïque, le premier doit beaucoup aux circonstances. Lâche, le second n'aura jamais profité du temps qui lui a été offert pour comprendre, assumer et regretter. Son attitude montre, à sa manière, à quel point est fausse la conclusion donnée par Sartre aux *Mots* : « Si je range l'impossible Salut au magasin des accessoires, que reste-t-il ? Tout un homme, fait de tous les hommes et qui les vaut tous et que vaut n'importe qui. » Non, les hommes ne se valent pas mais la partie n'est écrite ni au départ ni à l'arrivée…

BIBLIOGRAPHIE

Je sais gré à M. Louis Manaranche de m'avoir aidé sur le plan documentaire pour préparer ce livre.

La présente bibliographie se compose d'une part des livres sur lesquels j'ai personnellement travaillé (I) et d'autre part de ceux à partir desquels M. Louis Manaranche a réalisé des dossiers complémentaires (II).

I – Ouvrages de base

Sur René Bousquet

BOUSQUET Guy, *René Bousquet préfet de la Marne : septembre 1940-avril 1942*, Paris, Jean Picollec, 1998.

CAZAUX Yves, *René Bousquet face à l'acharnement*, Paris, Jean Picollec, 1995.

FROMENT Pascale, *René Bousquet*. Paris, Fayard, 2001.

LLABRES Claude, « *La Dépêche du Midi* » *et René Bousquet*, Fayard, 2001.

Sur Jean Moulin

AZÉMA Jean-Pierre, *Jean Moulin : le politique, le rebelle, le résistant*, Paris, Perrin, 2003.

BAYNAC Jacques, *Les Secrets de l'affaire Moulin : contexte, causes et circonstances*, Paris, Seuil, 1998.

BOUCHINET-SERREULES Claude, *Nous étions faits pour être libres. La Résistance avec de Gaulle et Jean Moulin*, Paris, Grasset, 2000.

CORDIER Daniel, *Jean Moulin. La République des catacombes*, Paris, Gallimard, 1999.

MOULIN Jean (posthume), *Premier combat*, Paris, Editions de Minuit, 1946 (préface de Charles de Gaulle).

MOULIN Laure, *Jean Moulin*, Paris, Presses de la Cité, 1982.

PÉAN Pierre, *Vies et morts de Jean Moulin*, Paris, Fayard, 1998.

II – Eléments complémentaires

Sur René Bousquet

BOUSQUET Guy, *René Bousquet : l'homme et Vichy*, Paris, Jean Picollec, 2007.

Collectif, *Memory, the Holocaust, and French Justice : the Bousquet and Touvier affairs*, Hanover, University Press of New England for Dartmouth College, 1996.

HUSSON Jean-Pierre, *La Marne et les Marnais à l'épreuve de la Seconde Guerre mondiale*, Reims, PUR, 1995.

LAMBERT Bernard, *Dossiers d'accusation : Bousquet, Papon, Touvier*, Paris, FNDIRP, 1991.

LIMOR Yagil, *Chrétiens et Juifs sous Vichy, 1940-1944 : Sauvetage et désobéissance civile*, Paris, Cerf, 1995.

RACZYMOW Henri, *L'Homme qui tua René Bousquet*, Paris, Stock, 2001.

Sur Jean Moulin

AZÉMA Jean-Pierre (dir.), *Jean Moulin face à l'histoire*, Paris, Flammarion, 1999.

BAYNAC Jacques, *Présumé Jean Moulin : 17 juin 1940-21 juin 1943. Esquisse d'une nouvelle histoire de la Résistance*, Paris, Grasset, 2007.

CALEF Henri, *Jean Moulin : une vie, 20 juin 1899-21 juin 1943*, Paris, Plon, 1980.

CARIOU André, *Jean Moulin en Bretagne. Le sous-préfet artiste de Châteaulin et ses amis écrivains et peintres*, Rennes, Ed. Ouest-France, 2005,

FRATISSIER Michel, *Jean Moulin. Enjeux et lieux de mémoire*, Paris, L'Harmattan, 2004.

FRENAY Henri, *La nuit finira*, Paris, R. Laffont, 1973.

—, *L'énigme Jean Moulin*, Paris, R. Laffont, 1989.

HARDY René, *Derniers mots. Mémoires*, Paris, Fayard, 1984.

HOSTACHE René, *Le Général de Gaulle, Jean Moulin et la création du CNR*, Paris, Ed. La Bruyère, 1989.

MARNHAM Patrick, *The Death of Jean Moulin : Biography of a Ghost*, Londres, John Murray, 2001.

MEUNIER Pierre, *Jean Moulin, mon ami*, Précy, Ed. de l'Armençon, 1993.

MICHEL Henri, *Jean Moulin : l'unificateur*, Paris, Hachette, 1964.

NOGUÈRES Henri, *La vérité aura le dernier mot*, Paris, Seuil, 1985.

STORCK-CERRUTY Marguerite, *J'étais la femme de Jean Moulin*, Paris, Deforges, 1977.

VIDAL-NAQUET Pierre, *Le Trait empoisonné. Réflexions sur l'affaire Jean Moulin*, Paris, La Découverte, 2002.

WOLTON Thierry, *Le Grand Recrutement*, Paris, Grasset, 1993.

ZAMPONI Francis, *Jean Moulin. Mémoires d'un homme sans voix*, Paris, Ed. du Chêne, 1999.

Ouvrages généraux

AMOUROUX Henri, *La Grande Histoire des Français sous l'Occupation*, Paris, Robert Laffont, 1976-1993.

AZÉMA Jean-Pierre (dir.), *La France des années noires*, Paris, Seuil, 1993.

COLONEL PASSY, *Mémoires du chef des services secrets de la France libre*, Paris, O. Jacob, 2000,

CORDIER Daniel, *Alias Caracalla*, Paris, Gallimard, 2009.

CRÉMIEUX-BRILHAC Jean-Louis, *La France libre*, t. I : *De l'appel du 18 juin à la Libération*, Paris, Gallimard, 1996.

NOGUÈRES Henri, *Histoire de la Résistance en France*, 5 vol., Paris, R. Laffont, 1972-1981,

PAXTON Robert, *La France de Vichy, 1940-1944*, Paris, Seuil, 1973.

TABLE

Cet ouvrage a été imprimé
par l'imprimerie Floch
pour le compte des Éditions Grasset
en février 2013

Composé par PCA à Rezé

Dépôt légal : mars 2013
Nᵒ d'édition :   – Nᵒ d'impression :
Imprimé en France

www.ingramcontent.com/pod-product-compliance
Lightning Source LLC
LaVergne TN
LVHW011931060726
842528LV00010B/1861